원조얼짱 주군쟁탈전 2

선한 사람에게 한계란 없다

원조얼짱 주군쟁탈전 2

선한 사람에게 한계란 없다

2023년 04월 17일 초판 1쇄 발행

글	정단비
그림	박미화
교정·윤문	전병수

발행인	전병수
편집·디자인	배민정
발행	도서출판 수류화개
	등록 제569−251002015000018호 (2015.3.4.)
	주소 세종시 한누리대로 312 노블비지니스타운 704호
	전화 044−905−2248
	팩스 02−6280−0258
	메일 waterflowerpress@naver.com
	홈페이지 http://blog.naver.com/waterflowerpress

ⓒ 도서출판 수류화개, 2023

값 15,000원
ISBN 979-11-92153-14-8(03150)

원조얼짱 주군쟁탈전 2

선한 사람에게 한계란 없다

글 정단비, 그림 박미화

도서출판
수류화개

들어가기 전에
– 공자 이후의 시대

《원조얼짱 주군쟁탈전》 시리즈 제1권에서 다룬 공자와 노자는 춘추전국시대 중 춘추시대의 인물로 분류되었습니다. 이후에 등장하는 제자백가의 사상가들은 모두 전국시대의 인물들입니다. 이 두 시대에는 어떤 차이가 있을까요?

시대의 이름조차 전쟁하는 나라들이라는 뜻의 전국戰國 시대에는 말 그대로 전쟁이 끊이지 않았습니다. 너무나 많은 이들이 매년 전쟁에 끌려 나가 죽음을 맞이했고, 농사지을 일손이 부족해 남아있는 사람들도 굶어죽거나 얼어 죽을 위험에 처해 있었습니다. 주周나라가 덕으로 다스렸다는 '좋았던 시절'에 대한 기억은 희미해지고, 지나친 세금과 부족한 복지에 백성들의 생존이 위협받던 시절입니다. 이 시대를 대표하는 철학자들인 묵자와 맹자 모두 죽음의 고통을 겪고 있는 백성들을 보살펴야 한다는 점을 끝없이 강조합니다.

자잘한 작은 나라들로 나뉘어있던 춘추시대에 비해, 크게 보아 7개의 강대국들로 정리가 된 전국시대에는 큰 나라의 제후들이 자신을 이제 '왕'이라고 일컫기 시작합니다. 맹자의 대화 상대인 제 선왕, 양 혜왕 등은 모두 왕이라고 불리지만 정확하게는 제후국의 군주로, 왕이라는 칭호를 쓰기 시작한지 얼마 되지 않은 시점입니다. 공자는 제후들이 왕의 예법을 사용하는 것만으로도 펄펄 뛰었지만, 맹자의 시대에는 아예 왕이라는 칭호를 사용하게 된 것이죠. 이는 곧 정통성보다는 권력과 힘을 가진 자가 천하를 통일할 수 있는 시대가 가까워지고 있다는 의미로 볼 수 있습니다.

정치적으로는 점점 더 혼란스러워지고 있지만, 철학은 더욱 발달하는 모습을 보입니다. 《논어》나 《도덕경》의 경우 서로 연결되지 않는 짧은 문장으로 이루어진 일종의 어록 형태로 되어 있었다면, 《묵자》는 겸애·절용 등 주제별 논설문 묶음으로 이루어져 있고, 《맹자》는 맹자가 통치자나 제자, 다른 사상가들과 나눈 철학적 문답으로 이루어져 있습니다. 글의 길이가 늘어난 것 외에도, 둘 모두 자신의 주장을 내세우고 이를 뒷받침할 수 있는 근거를 제시하며 논리적 흐름을 드러내기 시작합니다. 이 책에서는 소개하지 않지만 《묵자》에는 수백 개의 철학과 기하학 개념들을 정의하는 네 개의 편이 있는데, 이를 묶어 따로 《묵경》이라고 칭하며 언어학, 논리학 연구의 자료로 쓰이기도 합니다.

내용면에서도 변화가 일어납니다. 공자는 아직 인간의 본성이 무엇인가에 대해 언급하지 않은 반면, 맹자가 성선설을 주장한 것은 유명하죠. 공자나 노자는 인간 모두가 동일한 성질을 갖고 있다는 주장을 명시적으로 내놓지는 않은 반면, 이 시대의 사상가들은 대부분 인간은 국경이나 계층에 상관없이 모두 같은 본성을 가지고 있다고 보고, 이 본성을 이용해 더 좋은 세상을 만들 수 있을 것이라고 믿습니다. 맹자는 왕 또한 선량한 본성을 가지고 있기 때문에 백성을 불쌍히 여기는 마음을 발휘해 좋은 정치를 할 것을 요구합니다. 성악설 계열의 사상가인 묵자는 인간 본성에 대해 명시적인 이론을 내놓지는 않지만, 세상은 원래 혼란스러웠으나 묵가의 규율에 따라 사는 것이 더 큰 이익임을 납득시키면 안정적인 사회를 이룰 수 있다고 주장합니다.

2권에서는 묵자와 맹자의 사상을 다루고 있고, 순자의 성악설이 소개됩니다. 공자의 가족 중심적인 인仁 사상과는 달리, 묵자는 내 아버지와 남의 아버지를 구분하지 않고 모두를 동등하게 사랑하는 겸애兼愛가 필요하다고 주장했습니다. 겸애를 실천하기 위해서는 화려한 장례문화나 궁중 음악 행사 등을 없애고 최대한 많은 사람들과 부를 나누어야 한다고 주장하기도 했습니다.

성선설을 주장한 것으로 유명한 맹자는 공자의 유가사상을 구체화해 나가면서 묵자의 사상을 강하게 비판합니다. 부모님을 위해 성대한 장례를 치르는 것은 효의 근간이고, 음악을 함께 즐기는 것은 좋은 통치의 근간이라고 생각했기 때문이죠. 또한 가까운 곳에서부터 마음을 베풀어야 하며 가까운 이들에게 가장 큰 사랑을 주어야 한다는 차별적인 사랑 또한 유가에서 중요한 개념입니다.

2권에서는 잠깐 소개만 되고 3권에서 본격적으로 등장하게 될 순자의 사상은 성악설로 대변됩니다. 성선설을 주장한 맹자와 갈등이 있을 수밖에 없겠죠. 각 사상가들의 주장은 그 자체로도 의미가 있지만, 바로 전 시대를 대변하는 학파의 사상적 특징과 이에 따른 폐해에 반대하며 일어나는 흐름이 있다는 것을 기억하면 좋습니다.

들어가기 전에 • 005
주요 등장인물 • 010

Ⅰ. 묵겸이 꿈꾸는 진정한 사랑
　묵겸과 자인은 사랑이 중요하다 • 022
　묵겸은 절약을 실천한다 • 027
　묵겸은 평화를 사랑한다 • 033
　묵겸은 능력 위주의 사회를 꿈꾼다 • 044
　묵겸의 야학은 이공계 전문이다 • 051
　묵겸에겐 가족이 의미 없다 • 058
　평등한 이익분배를, 더 더 더 많은 사람에게 • 063

Ⅱ. 맹호연이 그리는 미래
　맹호연은 묵겸을 싫어한다 • 078
　호연은 이익을 말하는 것을 싫어한다 • 089
　호연은 주군의 가능성을 믿는다 • 097
　호연은 사회복지사를 꿈꾼다 • 105

Ⅲ. 착한 마음과 성인의 길
　주군은 호연의 칭찬이 흐뭇하다 • 122
　동아리방은 예지가 지키고 있었다 • 127
　착한 마음만이 답은 아니다 • 138
　착한 마음을 가진 사람에게 한계란 없다 • 146

에필로그 • 156

주요 등장인물

주나라(주군)

전국대 정치학과, 전국대 최고 얼짱, 모쏠로 과연 우유부단한 그가 결국 누구와 사귀게 될 것인지가 교내 최고 관심사.

이 이야기는 남자 주인공인 주나라가 많은 소개팅을 거쳐 여자친구를 찾아나서는 내용입니다. 주나라는 학교를 떠나 있던 공백기 때문에 이제 한 물 간 것 아닌가 하는 소리를 듣기도 하지만 한 때 최고의 얼짱으로 이름을 날린 인물입니다. 화려한 패션은 아니더라도 받쳐주는 기럭지로 수수한 듯 깔끔한 남친룩을 잘 소화하는 패완얼 종결자.

"주군"이라는 별명으로 불리는 주나라는 한편 공자의 큰 사랑을 받은 정통성 있는 국가인 주나라, 혹은 제자백가의 유세 대상인 각 나라의 주군을 의미하기도 하기 때문에, 종합적으로는 특정 사상을 선택하여 한 나라 전체에 영향을 미칠 수 있는 통치자를 상징합니다.

공자인

전국대 철학과 4학년, 대학원 준비 중. 인仁이라는 가치를 가장 소중하게 생각한 공자孔子를 상징하는 캐릭터라서 공자 + 인.

배려심과 예의를 중시한 공자의 철학을 대변하는 인물이기 때문에 단정한 단발머리에 세미 정장 스타일로 옷을 입습니다.

아버지가 일찍 돌아가시고 경제적으로도 여유롭지 않지만 카리스마 넘치는 캐릭터로 후배들에게 큰 영향을 미치는 자인은 자신을 완성해서 대가를 바라지 않는 이타적인 사랑을 이루고자 하고, 주변 사람을 돕는 데 적극적입니다.

이 책에서 자인이가 하는 대부분의 이야기나 행동은 공자의 제자들이 공자의 언행을 기록한 《논어論語》의 기록을 현대적으로 해석한 것들입니다.

이묵겸

전국대 토목공학과 3학년 남신이자 봉사 동아리의 장, 극단적 평화주의자.

넘치는 카리스마로 어딜가나 여성팬들을 몰고 다닙니다. 이익 [利]과 겸애兼愛를 강조하는 묵자를 상징하는 인물입니다. 절약과 나눔을 실천하는 훌륭한 인물이지만 때로 지나친 면을 보이기도 합니다.

조상신 숭배가 실질적 이익을 가져온다고 생각하는 면이 있기도 합니다.

맹호연

전국대 철학과 3학년,

사회복지사를 꿈꿉니다. 호연지기를 중요시하며 성선설을 주장한 맹자를 상징하는 인물입니다.

사람은 누구나 최고의 연인이 될 수 있는 가능성이 있다고 생각해서 만나는 사람마다 그 가능성을 발견하게 하려고 노력하지만, 실천으로 연결하는 것이 힘들어 매번 실패합니다. 주군과의 소개팅에서는 과연 성공할 수 있을까요?

손예지

전국대 철학과 2학년, 윤리교사 지망생.

지각[知]과 예禮를 중시하며 성악설을 주장한 순자를 상징하는 인물입니다. 호연이와 사사건건 부딪히면서 세상에 착한 사람을 본 적이 없다고 툴툴대는 것으로 주군의 관심을 사로잡습니다. 과연 주군은 예지에게 빠져들까요?

I.
묵겸이 꿈꾸는
진정한 사랑

묵겸과 자인은
사랑이 중요하다

주군의 소개로 소개팅을 하게 된 묵겸과 자인. 학교 앞 카페에서 우선 인사를 하기로 한다.

자인　　안녕하세요, 전국대학교 철학과 공자인이에요. 주군, 아니 주나라 춘추고등학교 친구요.

묵겸　　아 네, 안녕하세요, 토목공학과 3학년 이묵겸입니다. 나라한테 말씀 많이 들었어요. 근데 나라라고 안 부르시나봐요?

자인　　네, 고등학교 때부터 별명이 주군이에요, 성이 좀 특이하니까 애들이 그렇게 불렀어요.

`묵겸`　　와 그거는 무슨 왕 부르는 거 같아서 좀 거부감 드네요. 안 그래도 나라가 훤칠하고 인기도 많아서 위화감 들 때 있는데요.

`자인`　　뭘요, 묵겸씨도 하나도 안 빠지시는 거 같은데. 나라도 막 금수저거나 그런 거 아니잖아요.

`묵겸`　　금수저인 게 중요한가요, 어쨌든 나라 정도면 이미 가진 게 너무 많죠. 어쩌다가 아직 연애를 못했는지 모르겠어요, 인기도 그렇게 많은데. 여자애들이 주변에 항상 많지 않나요? 누구 하나가 너무 많은 걸 독차지하고 있는 건 결국은 안 좋은데 말이에요, 물건이든 사람 관심이든 말이죠.

`자인`　　... 묵겸씨는 좋은 일 많이 하신다고 들었어요! 봉사 동아리 하신다고...

`묵겸`　　네, 안 그래도 나라가 자인씨에 대해서도 봉사에 관심 많은 분이라고 소개해주겠다고 해서요.

`자인`　　아, 네, 봉사에 관심이 많다기보다는... 후배들 챙겨주는 정도죠. 제가 후배들을 진짜 예뻐해요... 뭐 저희 과 후배들만 너무 챙기는 거 아니냐느니 그런 말들도 있었는데 그런 거 아니고, 정말 공부 열심히 하고 열심히 사는

후배들이 있거든요...

묵겸   아 역시 자인씨도 **주변 사람들 차별 없이 사랑하는 그런 마음을 실천하시는 분이군요! 제가 제일 중요하다고 생각하는 점입니다!**

자인   그렇죠, 열심히 사는 사람들은 어떻게든 도와주고 싶고, 특히 막 경제적으로 부족해서 하고 싶은 공부도 못한다거나 이런 거 보면 못 견디겠고 그래서...

묵겸   맞습니다... 아 정말 저랑 마음이 잘 맞는 분을 나라 덕에 만나게 돼서 너무나 기쁘네요. 이런 얘기 실례일 수 있지만, 나라 말로는 외모보다 인성을 많이 보신다고, 그래서 남자 친구 찾기 힘들어하셨다고...

자인   아 그런 얘기까지 했어요? 민망하게...

묵겸   아니, 아무래도... 제가 가진 것도 없고 별 볼 일 없는데 어떻게 저랑 소개팅 시켜줄 생각을 할 수가 있냐고 제가 자꾸 물었더니 그렇게 대답을 하더라고요.

자인   네... 저희도 자기계발 동아리 같이 하고 있었잖아요. 제가 회장 몇 년째 하고 있는데, 친구들이 다들 연애할 생각만 많고, 들어오는 애들마다 다들 뭐 예쁜 애 누구

누구 있냐, 누구는 걸그룹 아이돌 누구 닮았다, 이런 얘기만 하고 말이죠. 돈 많은 친구들은 으스대면서 다른 사람 무시하기도 하고, 인기 있다고 이 사람 저 사람 막 만나고 다니기도 하고, 그런 거 다 너무 실망스러워요.

묵겸　　맞아요, 돈이나 외모, 사회적 지위, 이런 걸로 사람들 차별하고, 같은 과거나 같은 동아리라고 누구는 친하게 여기고 누구한테는 차갑게 대하고, 이런 태도 정말 혐오스럽죠.

자인　　그러게 말이에요, 편 갈라서 싸우고, 자기 편한테는 좋은 말만 하고, 다른 편은 좋은 행동 했을 때도 자꾸 왜곡하려고 들고요. 저는 진짜 진심으로 대한 건데... 정말 좋은 의도로 한 건데 자꾸 뭐를 원해서 저러냐, 위선자다, 왜 자꾸 나대냐, 착한 척한다, 이런 말 자꾸 듣게 되는 것도 너무 상처되고요... 물론 결국은 그러려니 하기는 하지만 왜들 그렇게 싸우는지...

묵겸　　그게 다들 서로 생각이 달라서 그렇죠. 다들 자기 이익을 추구하고, 자기 가족만 위하고, 자기 친구만 위하고, 결국 그런 이기주의가 사회에 갈등을 낳는 것 아니겠습니까? 저는 정말 싸움 없는 사회, 평화로운 사회, 서로 모두가 사랑하는 사회, 많은 사람은 나누고 적은 사람은 받을 수 있는 평등한 사회, 이런 걸 꿈꾸다 보니 동아리도

하게 되고, 뜻 맞는 친구들이 모여서 같이 봉사도 하고, 이렇게 되더라고요.

자인　　아 정말 너무 기쁘네요, 이런 분 만나게 돼서. 자주 연락하고 지내면 좋겠어요. 저 진짜 오늘 묵겸씨한테 반한 것 같아요.

묵겸　　자인씨도 정말 마음이 더 예쁜 분이네요. 저희 봉사 동아리에 꼭 한번 나오세요. 뜻을 같이 하는 사람들이 모여서, 다들 하나같이 너무 훌륭해요.

자인　　그러게요, 제가 하던 독서 모임이 요즘 와해돼서... 안 그래도 마음이 좀 허했는데 잘 됐어요.

묵겸　　그럼 다음 모임에 초대할게요. 그 전에 둘이서 몇 번 더 보면 좋을 것 같기는 해요. 제가 이렇게 말 잘 통하는 분이 거의 처음인 것 같아서... 그리고 나서는 같이 봉사 동아리도 가보고 그러면 좋겠는데.

자인　　네, 둘이 보는 것도 좋고, 봉사 동아리 같이 하는 것도 너무 좋을 것 같아요!

묵겸　　네, 다시 연락드릴게요!

묵겸은 절약을
실천한다

주군과 자인이 자인의 소개팅에 대해 이야기한다.

`주군`　　어땠어, 소개팅?

`자인`　　야 나 너한테 너무 고마운 거 알지? 어디서 그렇게 괜찮은 친구 만났어?

`주군`　　아... 아 그게...

`자인`　　왜? 이상한 데서 만났어? 무슨 상황이길래 말을 못해?

`주군`　　아니, 우리 고등학교 동창 있잖아, 현우.

자인　현우 친구야? 오, 현우도 워낙에 착하고 순하고 그랬잖아, 근데...

주군　어, 너 현우 소식... 알아?

자인　그 친구 종교 문제로 양심적 병역거부해서 한동안 좀 사정 복잡해지지 않았어? 한참 연락 안됐다고 들었어.

주군　어... 어 너도 들었구나.

자인　어, 근데 현우랑 왜?

주군　아니 그러니까 묵겸이도...

자인　아, 같은 종교래?

주군　어, 종교는 잘 모르겠는데, 양심적 병역거부 같이 시위하고 그러던 친구라고 했어.

자인　아... 그럴 수도 있지 뭘, 자기 신념을 위해서 그러는 건데 그걸 뭐 그렇게 조심스럽게 말해.

주군　아니 물론 되게 좋은 사람이고, 나야 친구니까

다 존중하고 좋다고 생각하지. 근데 혹시라도 니가 안 좋게 생각할 수도 있으니까.

자인 응? 왜 그렇게 생각했어?

주군 아니 너 원래... 좀 국뽕이라고 해야되나... 좀 그렇잖아. 나라를 위해서 목숨을 바쳐라, 뭐 이런 거 아냐 너?

자인 아닌데? 나는 국가보다 자기 신념, 인격수양 이런 거가 더 중요하다고 생각하는데? 뭐 가족을 위해서야 목숨 바칠 수도 있다고 생각하지만...

주군 아 그래? 너는 충성보다 효도 쪽이야? 나는 또 너 워낙 성격이 그래서... 군사부일체 이런 거 좋아하는 줄 알았지.

자인 나 전혀 그런 스타일 아니거든.

주군 근데 소개팅하고 연락 없어?

자인 요즘 아주 톡 붙잡고 살아. 둘이 할 얘기가 너무 많아서...

주군　아... 그렇구나, 잘 됐네.

자인　오늘도 점심 같이 먹기로 했는데... 학교에서 보기로 했어.

주군　학교에서 봐? 점심 먹을 거면 밖에 어디 먹으러 갔다 오거나 그러기는 좀 빠듯하지 않나?

자인　글쎄, 그냥 학교 식당에서 먹지 않을까?

주군　학식? 소개팅하고 애프터를 학식에서 한다고?

자인　아 그럴 수도 있지 뭘, 봉사활동 열심히 하고 돈 여유 있는 건 모아서 기부하고 그런다는데. 만나서 얘기하고 그러는 게 중요하지 지금 밥을 어디서 먹는 게 뭐가 중요해?

주군　와, 너 완전 빠졌나 보다... 아니 나 같으면... 그래도 맘에 드는 여자애 만났으면 첫 데이트 정도는 좀 좋은 데 데려가고 싶을 거 같아서... 그냥 너 서운할까봐 그러는 거지.

자인　아닌데, 안 서운한데?

주군　그럼 소개팅은 어디서 했어? 걔가 돈은 냈어?

자인　더치했는데? 그냥 카페에서 만났어. 소개팅 시간이 두 시쯤인가 그래서 각자 밥 먹고 만났고, 저녁 먹기 전에 헤어져서 그냥 커피 한 잔 마시고 헤어졌어.

주군　밥도 안 샀어 걔가?

자인　야 남자가 꼭 밥 사야 된다는 법 있어? **절약이 엄청 중요하다고 생각한대. 절대로 허투루 돈 쓰지 않고 어떻게든 한 푼이라도 모아서 기부하거나 자기보다 힘든 사람한테 나눠준대. 쓸데없이 쓰는 돈을 다 아껴서 필요한 데 쓰기만 하면 나라 경제가 두 배 되는 건 일도 아니라고 어찌나 열심히 설명하던지 나까지 감동했다.**

주군　아니 아무리 그래도...

자인　야, 너 좀 이상하다? 니가 소개해 줘놓고 왜 자꾸 분위기 흐려?

주군　아니 내가 뭘?

자인　묵겸씨가 너 가진 거 많고 없는 거 없다고 칭찬하길래, 내가 그래도 너 그렇게 복에 겨워서 자기 가진 거 모르는 애는 아니라고 두둔했는데, 내가 잘못 안 거야?

주군　　야! 그건 또 무슨 소리야? 우리 집 사정 다 알면서 지금 시비 거냐? 내가 무슨 돈 썩어서 너랑 맛집 찾아다니고 그랬던 줄 알아? 그래도 니가 맛있는 거 좋아하는 거 아니까 내가... 아니다 야, 됐다.

자인　　나? 니가 나랑 맛집 간 얘기를 지금 묵겸씨 얘기하면서 왜 꺼내는데?

주군　　아니야 됐어. 나 너 진짜 잘 됐으면 좋겠다고 생각해. 너도 나 소개팅해 주기로 한 거 잊지 마.

자인　　야, 나야말로, 진짜 내가 제일 좋아하는 후배 소개해줄 거거든? 너한테 막 걔 소개해 줘놓고 흠잡고 뒷담하고 절대 안 그럴 거거든? 진짜 예쁘고 좋은 애 소개해 줘서, 니가 휘리릭 하고 빨리 걔 사귀기 기원할 거거든?

주군　　야, 좋겠다 너는 속 시원해서.

자인　　그래! 속 후련하다 아주, 좋은 사람 만나서!

묵겸은 평화를
사랑한다

학관 뒤 잔디밭에서 묵겸과 자인이 두 번째로 만났다.

묵겸　　아 자인씨! 여기요, 제가 여기 자리 잡아놨어요.

자인　　오~ 학관 식당 가는 줄 알았는데 아니네요?

묵겸　　네, 학관이야 뭐 싸긴 하지만 그래도 낭만이 없잖아요. 제가 집에서 유부초밥 만들어왔는데 드실래요?

자인　　도시락 싸오신 거예요?

묵겸　　네, 집에서 도시락 싸가지고 다니고 대신 점심 안 사먹는 돈 모아서 매달 십만원씩 기부해요.

자인　우와! 정말 대단하시네요!

묵겸　절약하려고 찾아보면 절약할 수 있는 방법은 끝도 없거든요. 저 지금 입고 있는 자켓도 고등학교 때 교복 염색한 건데 멀끔해 보이지 않아요? 지금 8년째 입고 있는데 아직 입을만해요. 사실 우리가 살면서 여기저기 낭비하는 것들이 너무 많아서요.

자인　경우에 안 맞게 계속 운동복만 입고 다니시거나 그러면 이상해 보일 수도 있겠지만, 옷이 낡았다고 문제는 아니죠. 검소하게 지낼 수 있으면 그것도 좋고, 돈에 휘둘리지 않고 행복하게 살 수 있으면 최고로 좋고요.

묵겸　좋게 생각해 주시니 다행이네요.

자인　아뇨, 보통 말만 하고 행동으로 옮기지 않는 사람들 많은데, 실제로 이렇게까지 하기는 정말 쉽지 않죠. 그리고 캠퍼스에서 같이 먹는 도시락이라니... 설레는데요?

묵겸　여기 돗자리도 가져왔어요.

자인　와... 분위기 너무 좋네요. 여자 마음을 너무 잘 아시는 거 같아요. 취! 향! 저! 격!

묵겸　　아 제가 워낙에 사랑꾼이라서 말이죠... **제가 제일 중요하게 생각하는 게 사랑하는 사람끼리는 싸움이라는 게 있을 수 없다! 평화! 사랑! 이런 거거든요.** 데이트 폭력, 가정폭력 이런 건 정말 말도 안 되는 일이잖아요? 사랑싸움이라는 말 자체가 어불성설이라고 생각하죠, 사랑한다면 사이좋게 지내기만도 아까운 시간인데...

자인　　네, 네, 전쟁 반대 시위도 자주 참여하신다고 들었고요.

묵겸　　저 본인도 종교적 신앙 등에 따른 병역거부자입니다. 요즘은 대체복무가 가능하지만 제가 1-2학년때만도 대체복무가 없어서 시위도 많이 하고 그랬죠.

자인　　네, 주군한테 얘기 들었어요.

묵겸　　아, 보통 이 얘기 들으면 거부감 느끼시는 분들 많던데 괜찮으신가 봐요?

자인　　네 뭐, 제가 왈가왈부할 문제는 아니니까요. 묵겸씨 개인적인 신념이고요. 그런데 종교가 있으셔서 병역거부하신 거예요?

묵겸　　아, 네 제가 종교가 있기는 하지만 종교보다는 개인적인 신념 때문에 그렇게 한 거예요. 사람의 목숨이란 너무나 소중한 것이고, 절대로 전쟁이나 무력을 통해서 사람의 목숨을 잃게 할 수는 없거든요. 그만큼 사랑하는 사람 사이의 평화라는 것도...

자인   그렇죠, 서로를 위한 배려와 양보는 정말 소중한 거죠. 뭔가 사건 해결을 위한 싸움이라고 하더라도 그 과정에서 누구 하나가 부당하게 상처받는 일이 있다면 좋은 싸움이라고 할 수 없잖아요? 물론 둘 다 원하는 변화를 일으키기 위해 일시적인 갈등을 빚는 거라면 또 모르겠지만...

묵겸   **평화를 추구하기 위한 전쟁이라는 말이 어불성설이죠. 싸움은 극단적인 경우 방어만 가능해요.** 사랑 싸움도 상대방이 정말 너무 폭력적인 경우에만 가능한 거고 무조건 합의와 평화만이 긍정적이라고 생각합니다 저는. 방어전이라는게... 제 사람들을 부당한 공격에서 막기 위한 거라면 제 목숨을 바칠 수도 있겠죠. 제가 그래서 토목공학과를 지원한 건데요...

자인   네? 토목공학과랑 싸움이...?

묵겸   고대 중국이나 유럽 배경인 판타지 영화 이런 거 보면 성 앞에 거대한 목조기구 같은 거 세워놓고 그걸로 공격하고 방어하고 그러잖아요? 저 토목공학과 가면 그런 거

배우는 건 줄 알고 성을 방어하는 기술 배우려고 토목공학
과 왔어요.

자인   네?? 실제로 그런 거 배워요?

묵겸   택도 없지만, 뭐 여기서 배운 거 가지고 써먹으
면 할 수도 있겠죠? 물론 더 이상 성벽을 공격하면서 하는
전쟁 자체를 안 하겠지만요 하하...

자인   너무 신선한데요? 묵겸씨 너무 재미있어요!

공자인의 글 속
고전 이야기 1

묵가의 주요 개념
– 겸애, 절용, 비공

묵자의 대표적인 사상은 사람을 계층은 물론이고 혈연이나 속한 집단의 친소를 따지지 않고 모두 동등하게 아껴야 한다는 겸애兼愛, 최대한 비용을 아껴서 많은 이와 나눠야 한다는 절용節用, 그리고 평화를 유지하고 다른 나라를 공격하면 안 된다는 비공非攻 등이다. 다른 제자백가들이 통치자의 입장에서 천하를 통일하고 백성을 잘 다스릴 수 있는 방법을 논의했다면, 묵자는 피통치자의 입장에 서서 이야기를 전개한다.

묵자는 왕을 만나 자신의 사상을 전개한 것이 아니므로 이묵겸과 주군은 직접 만나는 장면이 없다. 대신 묵자가 끊임없이 유교 사상을 비판하였으므로 이묵겸과 공자인이 서로 만나 대화를 나누는 것으로 설정하였다.

겸애兼愛

주변 사람들 차별 없이 사랑하는 그런 마음을 실천하시는 분이군요!
제가 제일 중요하다고 생각하는 점입니다. (P. 24)

묵가의 사상을 대표하는 개념을 하나만 꼽으라면 단연 겸애
다. 한국어에도 '겸하다'라는 말이 있듯이, 겸兼이라는 글자는 여
러 개의 이삭을 하나의 주먹에 꽉 쥔 것 같은 모습을 하고 있다.
낱개를 하나로 묶어 아우르는 것이 겸兼이다. 애愛는 현대에는
'사랑하다'는 의미로 주로 번역되지만, 한국어의 '아끼다'라는 개
념과 유사하게 경제적으로 가치를 부여하고 이를 소중하게 여긴
다는 의미도 있다.

그러므로 묵자가 주장하는 겸애는 나와 타인, 나의 아버지
와 타인의 아버지를 구별하고 차별하여 각각 따로 가치를 부여
하는 것이 아니라 모두의 이익과 생명을 동일하게 아낀다는 뜻
이다.

66 성인은 천하를 다스리는 것을 업으로 삼는 사람이니, 어지
러움이 어디에서 일어나는지를 살펴보지 않을 수 없다. 어지러움
이 어떻게 일어나는지를 살펴보면 서로 아끼지 않는 데서 일어난
다. 신하나 아들이 군주와 아버지에게 효도하지 않는 것을 이른
바 어지러움이라고 한다. 아들이 자신만을 아끼고 아버지를 아
끼지 않아서 아버지에게서 빼앗아 자신을 이롭게 하려고 하고
…… 이것은 어째서인가? 모두 서로 아끼지 않는 데서 나오는 것
이다.

천하의 도둑이나 강도짓을 하는 이에 이르러서도 마찬가지다.

도둑은 자신의 집만 아끼고 다른 집은 아끼지 않아서 다른 집에서 훔쳐 자신의 집을 이롭게 하려고 한다. 강도는 자신의 몸만 아끼고 다른 이의 몸은 아끼지 않아서 다른 이를 해쳐 자신의 몸을 이롭게 하려고 한다. 이것은 어째서인가? 모두 서로 아끼지 않는 데서 일어난다."

— 《묵자》〈겸애 상〉

절용節用

절약이 엄청 중요하다고 생각한대 …… 쓸데없이 쓰는 돈을 다 아껴서 필요한 데 쓰기만 하면 나라 경제가 두 배 되는 건 일도 아니라고 어찌나 열심히 설명하던지 나까지 감동했다. (p. 31)

재화가 풍요롭지 않던 시절 모두의 목숨을 소중하게 여기려면 주어진 자원을 절약하여 사용하는 절용이 중요했다. 당시는 계급 사회로, 통치자들은 세금을 걷어 화려한 궁에 살면서 음악을 즐기고 기름진 음식을 먹은 반면 백성들은 굶어죽고 얼어 죽거나 평생 결혼을 하지 못하고 외롭게 죽을 위험에 항상 노출되어 있었다.

귀족 계층에 의한 재화 독점을 막고 평등하게 온 백성이 이를 나눠가져야 한다는 생각에는 의복에 대한 지출, 음식에 대한 지출뿐 아니라 지나치게 화려한 장례 문화, 음악을 즐기기 위해 들어가는 비용 등이 모두 포함된다.

❝ 성인이 한 나라를 다스리면 그 나라의 경제 규모는 두 배가

될 수 있고, 확대하여 천하를 다스리면 천하의 경제 규모도 두 배가 될 수 있다. 두 배가 된다는 것은 밖에서 땅을 정복해서 그런 것이 아니라 국가 안에서 쓸데없는 비용을 없애는 것만으로도 충분히 두 배를 만들 수 있다. ……

옷의 쓰임이란 무엇인가? 겨울에는 추위를 막고 여름에는 더위를 막아주기 위함이다. 옷을 만드는 도리란 겨울에는 따뜻하게 해주고 여름에는 시원하게 해 수 있게 하는 것이니, 화려하기만 하고 따뜻하게 해주고 시원하게 해주는 데에 기여하지 못하는 것은 모두 제거한다. ……

귀족들이 보석이며 진주, 희귀한 동물, 개나 말 등을 모으는 취미를 모두 제거하고 의복, 집, 무기, 군대와 배와 수레의 수에만 투자한다면 그 수는 몇 배가 될 것이다!"

－《묵자》〈절용 상〉

비공非攻

제가 제일 중요하게 생각하는 게 사랑하는 사람끼리는 싸움이라는 게 있을 수 없다! 평화! 사랑! 이런 거거든요. (p. 35)

평화를 추구하기 위한 전쟁이라는 말이 어불성설이죠. 싸움은 극단적인 경우 방어만 가능해요. (p. 36)

목숨을 아끼는 묵가의 문화는 공격 전쟁에 대한 반대로 이어진다. 전쟁에서는 서로 창칼로 찔러서 사람을 죽이는 것뿐 아니라, 전쟁에 들어가는 엄청난 비용으로 인해 남아있는 이들이 굶어죽고 얼어 죽을 수도 있고, 장정들이 농사를 짓지 못하는 데서 생기는 기회 비용도 발생하며, 남성과 여성이 서로 만나지 못해서 아이를 낳지 못하는 문제도 생긴다. 묵자는 전쟁의 2차, 3차의 피해까지 고민한 것이다.

그러므로 모든 전쟁이 나쁜 것은 아니고, 묵가는 공격을 막고 사람의 목숨을 지키기 위한 방어 전쟁을 위해 기술을 키운 장인의 무리였던 것으로 여겨진다. 묵자에는 카메라 오브스쿠라[1]에 대한 설명이 되어 있는 등 당시 최고의 과학기술을 보유한 자들이었으며 성을 보호하기 위한 무기를 만드는 토목기술 또한 뛰어났다. 묵가들은 공격을 받은 성에 용병으로 참여하여 성을 지켜주고 그 대가로 활동비를 벌었던 듯 보인다.

“ 군사를 일으켜 전쟁에 나가는 일을 보자. 겨울에 행군할 때는 추위를 걱정해야 하고 여름에 행군할 때는 더위를 걱정해야 하니, 군사를 일으켜 전쟁하는 것은 이는 겨울이나 여름에 할 일은 아니다. 봄에 군사를 일으키면 백성들이 밭 갈고 씨 뿌리고 나무 심는 것을 방해하고 가을에 군사를 일으키면 수확하는 것을 방해한다. 이 계절 중 하나라도 방해한다면 굶어 죽고 얼어 죽는 백성을 이루 다 셀 수 없을 것이다.

군사를 일으켜 전쟁할 때의 손실을 따져보면 …… 길이 너무 멀어서 식량이 끊겨도 이어지지 않아 굶어 죽은 백성을 이를 이

---

1 카메라 오브스쿠라Camera obscura : 어두운 방 한쪽 벽면에 난 작은 구멍을 통해 빛을 통과시키면 외부의 풍경이 반대쪽 벽면에 거꾸로 비치는 원리 또는 이 원리를 이용해 만든 기구를 말한다.

루 셀 수 없을 것이며, 거처가 안정되지 않고 끼니가 고르지 않아 굶었다가 포식했다가 적절함이 없어서 길에서 병에 걸려 죽은 백성을 이루 셀 수 없을 것이다."

— 《묵자》〈비공 중〉

묵겸은 능력 위주의
사회를 꿈꾼다

자인 묵겸씨 봉사 단체에서는 어떤 일 하세요?

묵겸 저희 여러 가지 하고 있는데, 고아원이나 양로원 봉사도 하지만 주로 야학을 하는데요...

자인 어머나, 저 야학 교사 너무 해보고 싶었어요.

묵겸 저희 교사는 항상 찾고 있거든요. 언제라도 찾아 오세요.

자인 네네, 제가 제일 관심 있는 일 중에 하나가 경제적 어려움이 있는 사람들에게도 교육의 기회가 균등하게 주어져야 한다는 점이라서...

묵겸   역시 저희가 마음이 너무 잘 맞네요. **능력 위주의 사회! 현명한 사람이 능력으로 발탁돼서 높은 자리까지 갈 수 있는 사회!** 이런 게 중요하죠. 학벌이나 배경이 아무리 별로더라도 **능력을 갖춘 자에게 높은 직급을 준다면,** 직급이 높다가도 낮아질 수 있고 낮다가도 높아질 수 있으니 평등 사회가 되지 않겠습니까? 저희 봉사 단체에서 회장을 항상 그런 식으로 뽑고 있는데요...

자인   아 정말요? 어떤 식으로요?

묵겸   회원들이 열 명씩 모여서 그 중에 가장 현명하다고 생각되는 사람을 팀 대표로 뽑고, 또 그 대표들끼리 모여서 그 중에 가장 현명하다고 생각되는 사람을 대표 중 대표로 뽑고, 또 그 대표들끼리 모여서 또 뽑고 이렇게 해서 가장 최종에 남는 사람이 회장이 되는 거예요.

자인   민주적이고 좋네요!

묵겸   네, 그렇게 하면 매년 가장 능력 있는 사람이 대표가 된다는 걸 확인할 수 있죠. 그래서 그 최고로 능력 있는 사람의 결정을 모두가 따르면 싸움을 최소화할 수 있고요.

자인   역시 싸움을 안 하는 게 중요하다고 생각하시는

군요... 그렇게 뽑힌 회장의 결정을 사람들이 잘 따라주나요?

묵겸 　　무조건 따르는 거죠. 그게 하늘의 뜻이기도 하고요.

자인 　　네? 하늘의 뜻이요?

묵겸 　　아... 그냥 그렇다는 말이죠 뭐. **하늘이 워낙에 사람들 모두를 동등하게 사랑해서 비나 햇볕이나 바람이나 이런 게 사람들 차별하지 않고 동등하게 내려주니까...** 하늘의 뜻을 따라서 우리가 서로 차별하지 않고 사랑하고 위해줘야 한다 이런 거기도 하고 또 우리가 하늘의 뜻을 항상 잘 따라야 하는 것처럼 현명한 회장의 결정도 다 잘 따라야 한다 이런 것도 있고요.

자인 　　아...? 종교가 있다고 하시더니 신앙이 깊으신가 봐요?

묵겸 　　아, 꼭 제 종교 때문에 그렇다는 건 아니고요. 자연의 섭리라는 게, 자연 속에서는 모든 생명이 동등하잖아요. 이런 이치가 인간 사회에서도 잘 실현이 되기 위해서는 사람들이 각자 자기 의견만 내세우는 게 아니라, 서로 합의를 보고 하나의 원칙 하에서 효율적으로 움직이는 게 좋으니까요. 그럴 때 결국 최종적으로 우리가 따라야 하는 것은 하늘의 뜻이지 않나...

자인　아...

묵겸　종교적인 면까지 우리가 합의를 볼 필요는 없죠. 종교는 없으신가봐요?

자인　딱히 종교가 없다는 것도 아니고요. 저는 그냥... 어차피 사람이 알 수는 없는 거라고 생각하는 정도에요. 살아 있는 사람도 다 알기 어려운데 죽음 후의 삶에 대해서 걱정하고 있는 것도 불필요하다고 생각하고요. 다만 다른 사람들이 마음을 배려할 줄 아는, 사회 속에서 공존을 생각하는 사람이 되는 게 중요하다고 생각할 뿐이죠.

묵겸　저도 크게 다르지 않아요! 다음 주 저희 봉사 모임에 나오실 거죠? 저랑 자인씨는 마음이 너무 잘 맞아서, 저희 모임에서도 자인씨 다들 너무 좋아할 것 같아요.

자인　그럼요, 저도 꼭 나가고 싶어요. 다른 분들도 다 만나고 싶고요.

공자인의 글 속
고전 이야기 2

묵가의 주요 개념
– 천지, 상현

천지天志(하늘의 뜻)

하늘이 워낙에 사람들 모두를 동등하게 사랑해서 비나 햇볕이나 바람이나 이런 게 사람들 차별하지 않고 동등하게 내려주니까... (p. 46)

뒤에서도 다루겠지만, 묵자는 진심으로 하늘의 뜻과 귀신의 힘을 믿었던 것으로 보인다. 묵자에게 있어서 하늘은 인격을 가진 주재천主宰天으로서 겸애의 당위성을 확보하는 것이기도 하다. 묵자는 하늘은 사람들이 겸애하기를 바라며, 그러므로 겸애를 하면 복을 받을 수 있다고 주장한다. 겸애를 하는 것은 곧 하늘의 뜻이라서 반드시 따라야 하는 것이기도 하지만, 하늘에서 복을 받을 수 있는 방법이기 때문에 이익으로 이어지기도 한다. 이 경우 이익은 실질적인 부귀영화의 형태로 드러난다.

> **❝** 그렇다면 하늘은 무엇을 원하고 무엇을 싫어하는가? 하늘은 의로움을 좋아하고 불의를 싫어한다. 그렇다면 천하의 백성을 이끌고 의로움에 종사한다면 나는 하늘이 원하는 것을 행하는 것이다. 내가 하늘이 원하는 바를 하는 것이니 하늘 또한 내가 원하는 것을 할 것이다. ……
>
> 그러므로 천자는 천하의 지극히 귀하고 지극히 부유한 자인데, 부유하고 귀하려면 마땅히 하늘의 뜻을 따르지 않을 수 없다. 하늘의 뜻을 따르는 자는 서로 아끼고 서로 이익을 주기 때문에 하늘에게서 반드시 상을 얻을 것이다. 하늘의 뜻을 거스르는 자는 서로 차별하고 싫어하며 서로 해를 끼치기 때문에 하늘에게서 반드시 벌을 받을 것이다."
>
> — 《묵자》 〈천지 상〉

상현尚賢

현명한 이를 숭상한다는 의미의 상현 또한 묵자에게 있어서 중요한 원칙이다. 계층의 차별 없이 평등 사회를 꿈꾼 묵자는 능력을 인정받은 이에게는 높은 지위를 주고 무능한 이는 지위를 박탈하여 계층 간의 이동이 자유로워야 한다고 주장했다.

능력 위주의 사회! 현명한 사람이 능력으로 발탁돼서 높은 자리까지 갈 수 있는 사회! …… (p. 45)

능력을 갖춘 자에게 높은 직급을 준다면, 직급이 높다가도 낮아질 수

있고 낮다가도 높아질 수 있으니 평등 사회가 되지 않겠습니까? (p. 45)

❝ 그러므로 옛 성왕이 나라를 다스릴 때는 덕 있는 자들을 차례대로 세워 현명한 이들을 높였다. 비록 농부거나 공인工人이더라도 능력이 있으면 등용하며, 높은 자리와 큰 녹봉을 내리고 일을 맡기면서 단호하게 명령을 내릴 수 있도록 한다.

'작위가 높지 않으면 백성들이 공경하지 않고, 녹봉이 후하지 않으면 백성들이 신뢰하지 않고, 행정 명령이 단호하지 않으면 백성들이 경외하지 않는다.'고 하니, 이 세 가지를 현명한 이에게 주는 것은 현명함에 상을 내리는 것이 아니라 그 일이 이루어지기를 바란 것이다. 그러므로 이 때에는 덕에 따라 직위가 정하고 관직에 따라 일을 맡기며 들인 노력에 따라 상을 정하고 공을 계산하여 녹봉을 나누는 것이다. 그러므로 관직이 있다고 해서 영원히 귀한 것은 아니고, 백성이라 해서 끝까지 천하게 있으리라는 법은 없었다. 능력이 있다면 천거되고, 능력이 없다면 좌천된다."

— 《묵자》 〈상현 상〉

묵겸의 야학은
이공계 전문이다

자인   안녕하세요, 처음 뵙겠습니다. 묵겸씨 친구 공자인이에요. 오늘 한 번 견학 와보고 다음에 야학 교사로 참여할 수 있을까 보려고요.

지아   안녕하세요! 이지아입니다.

자인   오 근데 여기 들어오면서 보니까 대부분 여학생들이시네요...

지아   아 네, 아무래도 묵겸 오빠 카리스마에 끌려서 오는 사람들이 대부분이라... 묵겸 오빠 팬클럽 수준이죠 여기.

자인　아...

지아　어떤 과목 교사를 하고 싶으신지 생각해보셨어요?

자인　그러게요, 제가 그래도 영어는 어느 정도 과외도 해보고 그래서...

지아　아, 저희가 영어는 안 가르쳐요.

자인　아... 외국어는 안 하시는구나. 그럼 국어나... 역사도 괜찮은데...

지아　아니요, 저희는 인문사회계열이나 예체능계열은 아무 것도 안 가르쳐요.

자인　네?

지아　**묵겸 오빠가 실질적인 이득이 되지 않는 학문은 다 무의미하다고 생각하시는 분이라**, 저희는 과학기술 위주로 가르치고 있어요. 수학 수업은 있어요. 여기 수학 교재 있는데 한번 보실래요?

자인　점이란 무엇인가, 선의 양 끝에 있는 것이다. 선이란 무엇인가, 점이 끝없이 모여서 된 것이다...? 무슨 말인지 저는 이해가 안 가는데... 유클리드 기하학 같은 건가요?

지아   아뇨, 묵겸 오빠가 직접 쓰신 거예요.

자인   네? 이묵겸 씨가 수학 교재도 만드세요?

지아   네, 기본적인 건 익혀야 한다고 하셨어요. 학생들한테 거기 있는 거 그대로 외우게 시키시면 돼요.

자인   아... 저는 그런... 수업은 못할 것 같은데, 그럼 혹시라도 피아노나 플루트 같은 수업은 없나요? 반주 필요하신 일이라도?

지아   아니요, 예능계 지원 학생은 금하고 있고요, 의류학과 지원 학생도 안 됩니다.

자인   네? 금하는 정도라고요?

지아   네, 묵겸 오빠 말에 의하면 **음악미술 공부하는 데 들어가는 돈이나 패션 공부하는데 들어가는 재료값만 해도 사람을 열 명은 먹일 수 있다며...** 오케스트라 단원들이 전부 나서서 공장을 돌리면 생산량이 얼마나 늘어나겠냐며 한탄을 하시거든요. 게다가 그 사람들은 대체 왜 전부 옷은 비싼 정장에 갖춰 입고 나오는지. 요즘 애들 좋아하는 아이돌이라는 것도 마찬가지예요. 멤버들은 다들 대여섯명 넘어가는 그룹에 들어가는 의상 비용만 얼마나 될지, 메이컵에 코디에 다 하면 엄청난 돈이 매년 낭비되고 있겠죠?

자인 　　아니 그렇지만 음악이 사람의 마음을 안정시키고 정화시켜서 생산성을 높이는 일이 분명히 있을 텐데요? 시대의 음악만큼 그 시대의 정서와 요구를 잘 반영하고 있는 건 없다고요! 나쁜 음악을 배척한다고 할 수는 있지만 음악은 무조건 배제한다니요? 아이돌 팬덤 문화를 통해서 얼마나 많은 사람들이 스트레스를 풀고, 또 그걸 통해서 창출되는 수익이 얼마나 큰데요! 게다가 자리에 맞는 적당한 옷을 갖춰 입는 건 사치나 낭비가 아니라 기본적인 예의에 가깝기 때문에... 의상학이라는 게 전부 무의미하다고 볼 수도 없는 거고요.

지아 　　저희는 기술과학계열 직업학교예요. 실제로 삶에 도움이 되는 기술만 가르쳐요. 건축현장에서 쓸 수 있는 기술이나 안경공학과 실습생이나 이런 학생들 도와주는 곳이고요, 저희한테 당장 돈이 되지 않는 건 금수저들이나 배우는, 폐기해야 하는 학문이에요.

자인   이게 정말 묵겸 씨가 하시는 생각이에요?

지아   묵겸 오빠 말씀을 충분히 안 듣고 오셨나봐요? 여기 학교에서는 묵겸 오빠 말씀과 조금이라도 다른 얘기는 꺼내지도 않는데요.

자인   네? 능력 있는 사람이라면 누구든지 리더가 될 수 있는 평등하고 민주적인 조직이라고 하시던데?

지아   물론 누구나 리더가 될 수 있죠, 그렇지만 지금 아직 리더가 아니시잖아요? 지금은 리더가 하는 말씀을 하늘의 뜻처럼 따라야 하는 단계라고요. 그래야 평화가 지켜질 수 있죠!

자인   하늘의 뜻! 그 얘기가 자꾸 나오네요? 혹시 여기 종교 단체인가요?

지아   그 얘기도 묵겸 오빠가 안 하셨나요? 물론 종교면까지 합의를 보실 필요는 없기는 하지만 하늘의 뜻을 따르는 것이 만인을 위한 사랑을 실천할 수 있는 가장 좋은 방법이고...

자인   어머나 묵겸씨가 딱 그렇게 얘기하기는 하셨는데...

지아　물론이죠, 저희는 묵겸 오빠가 말씀하시는 그대로 실천하고 있으니 말이 달라질 리가 없죠. 여기 미숫가루 드실래요?

자인　미숫가루요??

지아　네, 저희 학교에서는 모든 식사를 미숫가루로 대체하고 있는데요, 맛의 다양성을 추구하기 위해서 영양과잉이 발생하거나 멤버들 간 빈부격차가 느껴지는 것은 묵겸 오빠가 굉장히 반대하시기 때문에 최소한의 비용으로 최소한의 영양만 섭취하고 모두가 공평한 식사를 하기 위해서...

자인　세상에... 이거 약간 공포스러운데요... 묵겸 씨를 좀 만나봐야겠어요.

지아　지금 제사 지내러 다른 리더들과 지하 방에 가셨어요. 제사는 중요한 행사라 중간에 난입하시면 안 되거든요.

자인　제사요??

지아　네, 매달 말일에는 동서남북 중 방향을 향해서 정해진 의복을 갖춰 입고 상을 차려서 제사를 지내요. 그렇지 않으면 조상님들이 노하셔서...

자인   조상님들이요? 의복이요?? 제사상이요?? 아니 방금 전까지는 의상이고 좋은 음식이고 전부 다 낭비에 불과하고 모두가 최대한 아껴서 나눠야 한다고 하시더니...

지아   그렇지만 **조상님들에게 제사를 지내는 건 실제로 이익을 창출할 수 있는 일이기 때문에 거기에 쓰는 비용은 낭비가 아니라 일종의 투자죠.**

자인   제사를 통해... 이익을 창출한다고요?

지아   그럼요! 제사를 제대로 갖춰서 드리면 하느님도 귀신님들도 마음이 움직이신다고요.

자인   아... 저 정말 쓰러질 것 같아요. 미숫가루라도... 먹어야겠네요.

지아   그거 드시면 오늘 저녁은 드시면 안돼요! 그리고 저녁 식사 비용 아끼신 만큼 여기 기부하세요. 육천원이에요.

자인   하아... 그냥... 안 먹고 기다릴게요.

묵겸에겐
가족이 의미 없다

자인　묵겸씨!

묵겸　자인씨, 오셨네요

자인　네, 지금 지아씨랑 한참 얘기하는 중이었는데...
제사 지내고 오셨다면서요?

묵겸　네, 매달 하는 행사예요. 오늘은 여름 제사기 때
문에 푸른 옷을 입고 남쪽을 향해서 제사를 지내면서 닭
고기를 바치고요.

자인　정말로... 그런 절차를 정확하게 지키시는 거예
요? 진짜로 믿으시는 거예요, 그런 제사가 이익을 불러온

다고?

묵겸　　아, 저희 종교 얘기는 깊이 안 하기로 했었죠? 네, 저는 믿어요. **하느님과 귀신님들이 저희한테 이익을 주시는 거고, 그러니까 저희는 그분들을 기쁘게 해드려야 하고요.**

자인　　전에는 하느님은 사람들을 사랑해서 이익을 베푸니까 하느님처럼 해야 한다면서요? 그러면 하느님은 기쁘게 안 해드리면 사람을 안 사랑하시나요? 그럼 하느님이 사람을 사랑하시는 건가요, 안 사랑하시는 건가요?

묵겸　　아, 이런 대화는 좋지 않네요. 평화롭지 않고 현명하지도 않아요. 이 안에서는 제 말씀대로...

지아　　네? 자꾸 그런 식으로 묵겸 오빠 말씀에 토 달고 그러시면 여기서 같이 일하실 수 없어요.

자인　　**묵겸씨가 말하는 평화라는 게 그런 건가요? 묵겸씨 얘기에만 그대로 따라야 하기 때문에 평화가 유지되는 건가요?**

묵겸　　지금 자인씨는 리더도 아니고 제사장도 아니니까요.

자인 　세상에... 정말 할 말이 없네요. 그럼 몇 가지만 더 물어볼게요. 제사를 지낸다는 거는 그러면... 조상님께 하는 거라고 지아씨가 그러던데... 그럼 묵겸씨 조상님이에요?

묵겸 　아니죠. 그냥 우리 모두의 조상님 같은 그런... 저는 제 가족과 남의 가족 사이에 차이란 없다고 생각합니다. 제 할아버지에게 제사를 지내야 할 필요는 없고요.

자인 　네? 어떻게 자기 할아버지와 남의 할아버지가 같을 수가 있어요. 누구나 자기 가족이 가장 소중하죠, 소중해야만 하고요. 게다가 이렇게 모두의 조상신한테는 제사를 지내고 막상 자기 할아버지한테는 제사를 안 지낸다니요?

묵겸 　가족 제사는 따로 안 하고요, 장례도 최소한으로만 지냅니다. 장례에 들어가는 비용 같은 건 걷어서 더 가난한 사람들과 나눠야 하는...

자인 　근데 지금 귀신들한테는 제사를 지낸다면서요? 자기 가족은 안 챙기고 남의 귀신만 챙기는 게 말이 되나요?

묵겸 　자인씨! 그런 가족이기주의야말로 이 사회가 붕괴되는 원인이에요! 다들 그렇게 자기 자식, 자기 부모,

자기 나라, 이런 것만 챙기고 그러니까 전쟁이 나고 싸움이 나는 거잖아요! 타인은 자기 자신처럼 사랑해야만이 평화가 지켜질 수 있고 모두를 위한 최고의 이익이 창출될 수 있는 거예요!

자인　　각자 자기 가족을 소중하게 생각하는 마음에서 시작해서 남들을 가족처럼 위할 수 있는 거죠. 어떻게 자기 가족을 소중하게 생각하는 마음이 없는데 남을 소중하게 대하나요?

묵겸　　아니요, 내 가족이 소중하다고 생각하는 순간 남한테는 잘 할 수 없게 되는 겁니다. 자인씨, 이 부분에 있어서는 더 이상 얘기가 필요 없어요. 제 말을 들으세요.

자인　　하아... 그런데 묵겸씨 말을 안 듣는 사람은 어떻게 되는 건가요 이 모임에서? 폭력 반대하시니까 최대한 평화적으로 해결하기 위해 노력하시나요?

묵겸　　아니요, 그건 좀 다르네요. 우리는 우리 단체에 최대한의 이익을 가져오기 위해 행동해야 하거든요. 우리 단체의 규율을 해친다는 건 결국 전체의 이익을 감소시키는 일이죠. 그러니까 다른 사람을 해치는 사람은 사람이라고 하기 힘든 거예요. 사람도 아닌 사람에게는 무슨 일이 벌어지든 상관이 없죠.

자인　네?

묵겸　저희 단체의 규율은 절대적인 진리입니다. 누가 반대하든 상관이 없어요. 제가 사람을 평등하게 누구나 사랑해야 한다고 하면 누구든 맞다고 하죠. 이익을 창출해서 평등하게 배분해야 한다고 하면 누구나 맞다고 하죠. 맞다고 했으면 실천하는 게 옳죠. 대체 왜 사람들이 제 말을 맞다고 해놓고 나중에는 봉사 동아리에 들어오지 않겠다고 하는지 저는 정말 납득을 할 수 없습니다. 아니, 자인씨 같으면 친구가 자인씨 아버지를 자기 아버지처럼 챙겨주는 친구를 믿으시겠어요, 아니면 친구 아버지를 남 같이 대하는 친구를 믿으시겠어요?

자인　그 말씀에 의하면, 그 친구가 제 아버지랑 본인 아버지를 동일하게 여길뿐 아니라 다른 어느 아버지도 똑같이 대한다는 건데요, 제 아버지를 전혀 특별하게 대해주지 않는 사람이라고 하면 그게 좋은 건지도 모르겠거니와, 자기 아버지를 남들과 다르게 대하지 않는 사람이라면 좋은 사람이라고 할 수 있는지도 모르겠는데요?

묵겸　자인씨, 정말 다시 봐야겠네요.

자인　저도 마찬가지라고요!

평등한 이익분배를,
더 더 더 많은 사람에게

묵겸과 자인의 언쟁 중에 제사실에서 묵겸의 봉사 동아리 친구들이 몰려나온다.

자인　　어머 사람들이 나오나 보네요.

묵겸　　네, 제사가 끝나서 이제 멤버들이 다들 저녁 먹으러 나오네요.

자인　　아... 그 미숫가루 식사요?

묵겸　　자인씨도 드셨나요?

자인　　아니요, 저는 그냥 집에 가서 식사하려고요.

묵겸   같이 드시고 가세요.

자인   기부금 받아서 더 좋은 데 쓰시게요?

묵겸   그렇죠. 요즘 적극 홍보 활동 중이라서요.

자인   홍보요? 더 많은 사람들이 봉사 동아리에 참여할 수 있게요? 어머나 세상에... 교복 자켓 염색해서 입으신다더니 여기 있는 분들 대부분이 그렇게 입으신 것 같네요. 여자분들도...

묵겸   네, 다들 한 벌씩은 중고등학교 시절부터 정장에 가까운 옷이 있는 건데, 그걸 낭비할 필요가 없죠. 정장을 사지 않는 대신 정장값 만큼 기부를 받고 있고요...

자인   네? 그 비용도 또 걷으시는 거예요?

묵겸   물론이죠. 옷 사지 않는 값, 밥 먹지 않는 값, 음악 듣지 않는 값, 모든 걸 다시 기부금으로 모읍니다.

자인   그렇게 해서 뭘 하시는 건데요? 가난한 회원들에게 교육지원을 해주거나 더 풍요로운 삶을 살 수 있도록 보태주는 게 아닌가요? 다 같이 낡은 교복 입고 다 같이 미숫가루 먹고 살아가면 그냥 다 같이 가난해지는 거 아니에요?

묵겸   그렇지만 누락되는 사람은 아무도 없죠. **그렇게 해서 남는 돈으로는 홍보 활동을 더 열심히 합니다. 더 많은 사람들이 찾아와서, 더 많은 기부금을 내고, 그러면 점점 더 사회에 많은 이익을 창출할 수 있는...**

자인   아니 그러니까 그 이익이 뭐냐는 거죠. 돈을 남겨서 그걸로 뭔가를 해야 할 거 아니에요? 가끔은 회식을 하거나, 한 번은 좋은 옷을 사거나, 일 년에 한 번이라도 콘서트를 가거나, 좋아하는 가수 덕질을 하거나, 영화관에서 데이트를 하거나 그런 거가...?

묵겸   콘서트나 데이트라니, 그런 사치는 용납되지 않죠! 어딘가에 누군가는 굶고 있을 수도 있는데, 좋은 옷이라니, 덕질이라니요, 게다가 데이트 같은 건 학관 벤치에서 도시락을 까먹으면서도 할 수 있는 건데...

자인   아! 그러면 혹시 설마 모든 데이트는 학관 벤치에서 도시락으로??

묵겸   물론입니다.

자인   그럼... 그럼 그 경험은 저한테만 특별한 대우가 아니었던 거네요?

묵겸   특별이요? 특별대우란 건 있을 수 없죠. 사랑은 모두에게 평등해야 하는 거라고요! 대부분은 저와 식사하고 싶은 여자 친구들이 모두 몰려서 열명 열다섯명씩 같이 먹기도 하는데 그날은 특별히 자인씨와만 나누었으니 그 정도면 충분히 특별하다고 생각하기도 합니다만...

자인   네? 여자 친구들이요? 열명 열다섯명이요? 설마... 설마 양다리 문어다리 하시는 건가요?

묵겸   계속 제 얘기를 못 알아들으시는 것 같은데, 특별한 사랑이란 있을 수 없다고요. 사랑은 모두에게 공평하게...

자인   묵겸씨!!! 그럼 지금 설마 여자 친구 수십 명씩 한꺼번에 사귀느라 어차피 밥 같이 먹을 돈도 없어서 도시락 싸오는 거고, 콘서트 갈 돈도 데이트할 돈도 없었다는 말씀이신 건가요? 저한테는 말이 잘 통한다느니, 좋은 관계가 될 것 같다느니 하시더니... 묵겸씨한테는 다 그 여자가 그 여자인 건가요?

묵겸   제 사랑을 저급하게 만들지 마시죠. 저는 여성이라면 누구라도 사랑 받을 만한 자격이 있다고 생각할 뿐입니다. 사람은 다 사람이고, 여성은 다 여성이에요. 어느 누구를 차별할 수 있단 말입니까?

자인　지금 일부다처제 주장하시는 거예요? 무제한으로 다수의 여성을 만날 수 있다?

묵겸　무슨 말씀입니까 일부다처제라니. 저는 다부다처제를 주장하는 겁니다. **평등한 사랑! 누구라도 사랑의 대상이 될 수 있는, 무한대로 늘어나는 사랑의 단체!**

자인　아 정말 미치겠네. 묵겸씨, 우리 다시는 만나지 않으면 좋겠어요. 봉사 동아리도... 하아 정말 흥하길 바라겠다는 말을 도저히 할 수가 없네요. 안녕히 계세요.

공자인의 글 속 고전 이야기 3

유가와 묵가 사이의 갈등 요소

묵자는 생명을 아끼고 물자도 아껴서 더 많은 사람들을 위해 더 큰 이익을 창출해야 한다고 주장했다. 그러므로 의식주를 제외한 문화 면에서도 이익과 직결되지 않는 모든 것은 배제해야 하는 것으로 보았다. 그 중 특히 화려한 음악 행사나 장례 행사 등을 금하여 많은 비용을 절감할 수 있다고 생각했다.

비악非樂

묵겸 오빠가 실질적인 이득이 되지 않는 학문은 다 무의미하다고 생각하시는 분이라... (p. 52)

음악미술 공부하는 데 들어가는 돈이나 패션 공부하는데 들어가는

재료값만 해도 사람을 열 명은 먹일 수 있다며... (p. 53)

극단적인 절약을 실천해야 한다고 주장했던 묵가에서 대표적으로 비판한 유가적인 요소는 음악에 대한 사랑이다. 당대의 음악이란 현대의 뮤지컬과 비슷한 것으로, 많은 인원이 동원되어 화려한 의상을 입고 비싼 악기를 갖춘 오케스트라의 음악에 맞추어 춤을 추는 복잡한 행사였다. 묵자는 그 의상에 들어가는 비용, 악기를 만드는 데 들어가는 비용은 물론 악공을 키우는 데 들어가는 비용 등을 모두 큰 낭비라고 여겼다. 이들이 모두 농업에 종사한다면 엄청난 식량을 생산할 수 있을 것이라고 생각했다.

유가는 음악이 사람의 마음을 하나로 모으고 정화하는 능력이 있다고 생각하여 정치의 중요한 부분으로 보았다. 그러므로 시와 악 등의 문화는 유교 선비의 필수 덕목 중 하나로 여겨지기도 한다. 이는 이후 맹자의 사상에서 더욱 극명하게 드러난다.

절상節葬

장례도 최소한으로만 지냅니다. 장례에 들어가는 비용 같은 건 걷어서 더 가난한 사람들과 나눠야 하는... (p. 60)

유가에서 중요시하는 장례 문화 또한 지나친 비용이 들어가기 때문에 묵자에게는 최소한의 절차만 남기고 없애야 할 악습으로 여겨졌다. 유교 문화에서 약 25개월에 걸쳐 제대로 먹지도 입지도 않고 움막에서 생활하는 부모의 장례에 대해 맹자는 평생 단 한 번 사치해도 좋은 기회라고 말하기도 했다. 그러나 묵자에게는 2년이 넘는 기간 동안 생업에 종사하지 않으며 그 기간 동안에는 자식을 낳지 못하기 때문에 그저 장례 절차에 쓰이는 비용이 문제가 아니라 생산의 기회마저 박탈한다는 점에서 유교식의 장례는 반드시 철폐해야 할 것이었다.

그러나 당시 중국인들에게 장례는 쉽게 없앨 수 있는 것은 아닌 것으로 보인다. 《맹자》에 보면 묵가의 무리인 이지夷之라는 사람이 자기 부모의 장례를 후하게 치러서 맹자에게 이중적이라는 비난을 받는 대목이 나오기도 한다. 여기에서 공자인과 언쟁을 하는 이묵겸의 팔로워 이지아가 바로 이지를 상징하는 인물이다.

명귀明鬼

조상님들에게 제사를 지내는 건 실제로 이익을 창출할 수 있는 일이기 때문에 거기에 쓰는 비용은 낭비가 아니라 일종의 투자죠. (p. 57)

하느님과 귀신님들이 저희한테 이익을 주시는 거고, 그러니까 저희는 그분들을 기쁘게 해드려야 하고요. (p. 59)

이렇듯 낭비를 막고 비용을 아끼는 데에 열을 올렸던 묵가도 예외를 둔 곳이 있으니 바로 하늘과 귀신에 대한 제사다. 묵가는 하느님은 물론이고 귀신의 존재를 믿었고, 일종의 give & take 관계로 제사를 바치고 기도하면 사람의 부탁을 들어주는 존재라고 생각했다. 전쟁에 이기기 위해서 성의 어느 방향에서 적이 쳐들어오는지에 따라 복잡한 절차와 화려한 의상을 사용해 제사를 지내고 자신들의 억울함을 귀신에게 호소하는 기도문을 읽을 것을 상세하게 적어놓기도 했다. 방어전의 전문가들이었던 현실적 기술자 무리에게 나올 것이라고 생각하기 어려운 놀라운 면모다.

음악이나 부모에 대한 장례 또한 유가와 대립하는 부분이지만, 귀신과 제사에 대한 태도 또한 유가와는 사뭇 다르다.

그냥 우리 모두의 조상님 같은 그런... 저는 제 가족과 남의 가족 사이에 차이란 없다고 생각합니다. (p. 60)

다들 그렇게 자기 자식, 자기 부모, 자기 나라, 이런 것만 챙기고 그러니까 전쟁이 나고 싸움이 나는 거잖아요! 타인은 자기 자신처럼 사랑해야만이 평화가 지켜질 수 있고 모두를 위한 최고의 이익이 창출될 수 있는 거예요! (p. 60)

> **❝** 공자가 말하였다. '제사지내야 할 귀신이 아닌데 제사 지내는 것은 아첨하는 것이다.'"
>
> – 《논어》〈위정〉 24

공자는 자신의 지위나 가족 상황에 맞지 않는 귀신에게까지 제사를 지내는 것은 복을 구걸하기 위해 뇌물을 바치는 것과 유사한 일이므로 아첨이라고 여겨 옳지 않다고 보았다. 또한 제사를 지내는 것은 마땅히 해야 하는 것이기 때문에 하는 절차와 같은 것으로, 하늘의 복을 구하는 도구라고 여기지 않은 것으로 보인다. 하늘과의 소통은 그저 올바른 삶과 인격 수양을 통해 추구하는 것이라고 보았기 때문에 공자는 죽음을 앞에 두고도 따로 귀신에게조차 기도를 올리거나 하기를 거부하였다.

공자인의 글 속
고전 이야기 4

묵가의 모순점들

유가와 묵가의 갈등을 통해서만 묵가의 모순점이 드러나는 것은 아니다. 당대의 배경을 감안하자면 파격적인 요소가 많았던 묵가의 사상은 쉽게 해결되지 않는 구조적인 문제를 여럿 보인다.

상동尙同 vs 상현尙賢

묵겸씨가 말하는 평화라는 게 그런 건가요? 묵겸씨 얘기에만 그대로 따라야 하기 때문에 평화가 유지되는 건가요? (p. 59)

묵자는 능력이 있는 사람이라면 누구라도 등용하고 높은 자리에 두어야 한다고 주장했지만 동시에 윗사람의 말이라면 그대로 받아들이고 따르는 것이 가장 효율성 있는 사회를 만들고 이익을 최대화할 수 있다고 여기기도 했다. 상동尙同, 모두가 같은 생각을 하는 것을 이상적으로 생각한다는 것이다. 사람마다 각자의 올바름이 있던 사회에서 벗어나 모두가 윗사람과 견해를 맞춰 결국 하늘의 뜻을 따라야 한다는 것이 그 내용이다.

〈상현尙賢〉 편에서 묵자는 무능하다면 직급이 높은 이도 좌천되고 유능하다면 지위가 낮은 이도 등용될 수 있는 것이 이상적인 사회라고 주장했다. 그렇지만 상동이 철저하게 지켜지는 획일화된 사회에서 과연 직위가 낮지만 능력 있는 사람이 자신의 능력을 증명하고 높은 자리로 올라서는 것이 가능할까? 이익과 효율을 이렇게나 중시하는 사상에서, 어느 시점에 윗사람이 능력이 없다는 사실을 인정하고 그를 좌천하기로 결정할 수 있을까?

묵자의 사상은 이상주의적이지만 현실 사회에서 실천되기는 어려웠을 수도 있다.

도둑은 사람인가 사람이 아닌가?

우리 단체의 규율을 해친다는 건 결국 전체의 이익을 감소시키는 일이죠. 그러니까 다른 사람을 해치는 사람은 사람이라고 하기 힘든 거예요. (p. 61)

묵가의 유명한 모순 중 하나는 그 어떤 사람도 해쳐서는 안 된다면 과연 도둑은 죽여도 되는가 하는 것이다. 묵가는 겸애를 주장한다. 겸애의 원칙에 따르면 사회의 모든 구성원의 생명은 소중하기 때문에 그 누구도 죽여서는 안 된다. 그러나 도둑은 겸애의 원칙에 어긋나는, 자신의 이익을 위해 남을 해치는 사람이다. 그렇다면 도둑은 어떻게 처벌할 수 있는가?

묵가는 도둑은 비록 사람이지만, 도둑을 죽이는 것과 사람을 죽이는 것은 같지 않다고 대답한다. 왜냐하면 사회에 사람이 많다고 해서 곧 도둑이 많다는 말은 아니고, 도둑을 싫어한다고 해서 곧 사람을 싫어하는 것은 아니기 때문이다. 묵가의 이 답변은 일종의 궤변으로, 상대를 논리적으로 설득시키려는 방법이라기보다는 오히려 혼란에 빠뜨려 더 이상 논쟁을 이어나가지 못하게 하는 쪽에 가깝다.

〈소취小取〉편에 나오는 이 논변에서 묵가는 "장씨를 사랑한다면 사람을 사랑한다고 할 수 있다."와 "동생을 사랑한다고 해서 사람을 사랑한다고 할 수는 없다." 등의 문장들을 대조하면서, ① 문장의 참과 거짓은 문장의 구조보다는 내용에 달려 있다, ② 그러나 반면 자신들의 교리는 절대적으로 옳으므로 반론이 무의미하다는 두 가지 상반된 주장을 펼친다. 현대인의 눈에는 부족해 보이지만, 중국 고대 특유의 논리학을 정리하려는 시도라는 점에서 큰 의미를 갖는다.

이익이 먼저인가 인권이 먼저인가?

그렇게 해서 남는 돈으로는 홍보 활동을 더 열심히 합니다. 더 많은 사람들이 찾아와서, 더 많은 기부금을 내고, 그러면 점점 더 사회에 많은 이익을 창출할 수 있는... (p. 65)

평등한 사랑! 누구라도 사랑의 대상이 될 수 있는, 무한대로 늘어나는 사랑의 단체! (p. 67)

묵가는 평등, 재능 위주의 평가, 부의 재분배 등을 주장하기 때문에 평범하거나 가난한 이들을 위한 사상이다. 그러나 동시에 현대인의 눈에는 이상해 보이는 부분들이 발견되기도 한다. 귀족들의 돈을 가져오는 것까지는 좋지만, 이를 이용해 가난한 이들의 삶의 질을 높여주기보다는 죽음만을 면할 수 있는 최하의 삶의 질에 머문 채 인구를 더 늘여서 더 큰 나라를 확보하는 것이 목적인 듯 보이는 대목들이 있기 때문이다. 물론 굶어 죽고 얼어 죽고 전쟁에 나가 죽고 또 결혼을 해보지 못한 채 홀로 생을 마감하는 등 당대 백성들의 다양한 비참한 죽음을 방지하려고 노력했다는 점에서, 삶의 질은 크게 중요하지 않고 그저 살아있음 자체를 큰 발전으로 여길 수도 있다.

그렇지만 과연 최소한의 재화만을 누리는 백성들이 두 배로 늘어날 경우 그 최종 이익을 누리는 사람은 백성 개개인인가 아니면 그 큰 국가의 통치자인가? 백성들의 삶은 크게 나아지지 않았지만 대신 나라가 부유해지는 것이라면, 묵가의 이상이 복지국가인지 아니면 전체주의인지는 재검토해 볼 필요가 있다.

Ⅱ.
맹호연이
그리는 미래

맹호연은 묵겸을
싫어한다

주군과 호연의 소개팅을 위해 먼저 만난 자인과 주군. 자인
은 인사도 제대로 하지 않은 채 주군에게 따지고 들기 시작
한다.

자인　　하아 진짜 주나라... 내 평생 원수 같은 놈이다
너... 어떻게 도움이 되는 법이 없냐, 대체 그 소개팅 뭐
야!!!

주군　　왜, 왜, 이상주의적이고 넘 좋은 사람이라고 그
러더니 왜 그래?

자인　　야, 완전... 사이비 종교 교주 같아! 아니 막 조상
님한테 옷 갖춰 입고 제사 지내고 있고, 아니 맨날 무슨 미

숯가루 같은 거 타먹이면서 대신에 돈 기부하라고... 아 진짜 내가... 야 그리고 결정적으로! 무슨 여자들이 다 같이 줄 맞춰서 개화기 여학당 교복처럼 흰 브라우스에 검정 치마 입고 줄줄이 서가지고 얘랑 밥 한 번 먹으려고! 개 완전 모든 여성은 다 평등하기 때문에 모두가 자기 사랑을 받을 수 있다느니 이런 얘기하는데 딱 사이비 종교 교주가 일부다처제 하는 거 같은 모습이었다니까? 아니, 일부다처가 아니라 다부다처래나? 나보고도 여러 남자 한꺼번에 막 만나도 된다면서!! 다 평등하게 사랑하라면서!!

주군   아... 아 설마... 아니 내가 볼 때마다 여자가 바뀌는 것 같기는 했는데 나는 그냥 걔가 인기가 많은 건줄 알았지... 아니 너도 볼 때마다 남자 바뀌고 그러기는 했잖아, 그렇다고 니가 이 남자 저 남자 만나고 다닌 거는 아닌데 그게 그냥...

자인   야! 지금 너 나를 달래겠다는 거야 화를 돋우겠다는 거야?! 너 진짜 친구 맞아? 일부러 그런 거야 아니야, 어?

주군   아 진짜 아니야 일부러 그런 거! 왜 내가 이상한 남자 자꾸 소개해 주면서 결국은 나랑 사귈 수밖에 없게 만들고 그런 수준 낮은 수작 부릴까봐 그러냐? 나 그런 사람 아니라고, 사람을 좀 믿어!

`자인` 너, 오늘 똑똑히 봐, 내가 우리 과 후배 중에 젤 예쁘고 젤 괜찮은 애 소개해 주는 거니까!

`주군` 알았어, 나도 오늘 멀끔하게 하고 나왔잖아, 이거 봐. 니가 좋아하는, TPO에 맞는, 예의 바르고 깔끔하지만 동시에 사치스럽지는 않은, 응? 세미정장 하고 나왔잖아.

`자인` 너야 외모는 항상 멀끔하지... 내가 언제 너 옷 입는 거 트집 잡은 적 있었니.

`주군` 그럼 뭐가 문제라고? 나는 왜 안 된다고?

`자인` 우유부단!!! 우유부단이 문제라고!!!

`주군` 맞아, 맞아, 기억났어. 내가 너한테 올인을 못해서 그게 문제라고.

`자인` 하아... 이 얘기를 몇 년째 하니 우리. 저기 호연이 온다. 이제 너는 호연이랑 소개팅하는 거니까 우리는 끝이야. 내가 내 후배 소개해 주는 거는 너랑 다시는 사귀냐 마냐 안 할 결심으로 그러는 거니까, 우리는 다시는 얘기 나오지도 않는 거야. 알겠어?

주군 아... 아 정말? 내가 호연씨랑 안 사귀고 그냥 소개팅만 해도 너랑은 이제 끝이야?

자인 당연하지!! 우리 진짜 이제 친구로 남으려고 서로 소개팅해 주기로 한 거잖아! 그럼 너는 괜찮아? 니 친구 소개해 줘놓고, 나중에 나랑 사귄다는 거 묵겸씨가 알게 돼도 너는 괜찮다는 거야?

주군 아니... 나 어차피 묵겸이랑은 그렇게까지 친한 사이도 아니고, 당연히 내가 너랑 사귀기로 결심하면 그런 거 정도는 아무런 문제도 없...

자인 난 아니라고, 응? 나는 호연이가 상처받을 것 같은 일은 안 할 거야. 못해! 소개팅해 주기로 하고 너랑 이 정도 대화하는 것도 나는 용납 못해. 알았어? 우린 완전 끝이야. 아니, 애초에 시작한 적도 없으니까, 너랑 나는 친구 이상 아무 것도 아니었고 앞으로도 아닌 거야. 응?

호연 언니!

자인 어, 호연아!

호연 언니 뭣 때문에 그렇게 화내고 있으세요? 얼굴이 새빨개요!

자인   아, 아, 나 지난번에 주군이 시켜준 소개팅 때문에...

호연   어머, 좋은 분 만나셨어요?

자인   아니... 아니 좀 이상한... 사람이었어.

호연   어머 왜요? 어떤 분이었길래?

자인   아니, 무슨 봉사 동아리 한다고 해서 만났는데, 야학한다고 해서 갔더니 무슨 과학기술직업학교 운영한다고 해놓고 뒤에서 제사 지내고 기부금 받는다고 하면서 이상한 생식 같은 거 강매하고...

호연   어머 언니! 설마 이묵겸 선배 만나셨어요?

자인   너도 당했어? 유명한 사람이야 이묵겸씨??

호연   언니!! 요즘 언니가 하던 자기계발 동아리 붕괴되고 나서, 학교가 완전 두 파로 양분됐거든요? **이묵겸 선배 공대 동아리랑 양주아 선배가 하는 체대 동아리인데요**, 다들 거기 가입하고 싶어서 난리 난리에요. 이게 무슨 그 동아리에서 뭘 하느냐가 중요한 게 아니라, 이묵겸 선배랑 양주아 선배 둘이 말빨 좋고 외모 번듯해서 애들이 그냥 따라다니는 수준인데 요즘 애들이 다 그런 거에 휘둘려서요... 저 진짜 언니 동아리가 학교 꽉 잡던 시절이 너무 그리워요... 언니 요즘 취업 준비하시느라 활동 거의 안 하시잖아요, 제가 뒤를 이어서 뭐라도 해야겠어요, 자기계발 동아리 제가 다시 부흥을 해야 앞으로 후배들이 우리 학교 다니면서 뭐라도 배워가지...

주군　　아, 호연씨 안녕하세요, 저는...

호연　　지금 양주아 선배는 제가 직접 만나본 적도 없고 얘기를 직접 들어본 적이 없어서, 실제로 그 동아리에서 하는 일이 뭔지 굉장히 애매한데요, 아마도 자기 건강 챙기고 돈 많이 벌고 잘 살자 뭐 이런? 웰빙에 재테크? 이런 거 한다는 덴 거 같은데...

자인　　이익 창출? 그거 이묵겸 네서 하는 거랑 똑같은 거 아냐?

호연　　아니에요, 그러니까 **이묵겸 선배는 모두가 똑같이 잘 살아야 한다고 가족도 없다 아버지도 없다 모두가 똑같아야 한다**, 이런 주장이고요.

자인　　아 그래 아버지 얘기 하더라, 자기 아버지만 잘 대하면 안 된다면서...

호연 양주아 선배는 자기 자신만! 자기만 잘 살면 된다! 국가, 단체, 이런 거 다 필요 없다고, 대통령 시켜 줘도 안 한다 나라를 위해 털 한 올도 희생 못한다 나만 잘 살자! 나! 나! 나! 이런 거라고요.

자인 아... 그건 또 다른 식으로 굉장히 극단적이네.

호연 그러니까요 제 말이, 그러니까 이제 제가 언니의 적통 후계자라는 걸 인증을 받아서, 자기계발 동아리를 다시 부흥을 시키고요, 주나라 선배도 자기계발 동아리 창단 멤버라고 들었어요, 제가 활동 시작할 때는 이미 해외 나가셨다고 해서 말씀만 많이 들었지만 다들 너무 멋진 분이라고... 주나라 선배만 동아리 컴백하셔도 엄청 부흥이 되지 않을까요? 그래서 그 아버지도 없고 국가도 없다는 사람들을 완전히 물리치지 않으면...

주군 아... 호연씨 저희 인사하고 카페라도 가서...

호연 아, 죄송해요. 진짜 제가 너무 흥분했죠. 제대로 인사도 안 하고...

주군 네... 말씀... 하시는 걸 좀 좋아하시나봐요.

호연 네? 아니 저한테 따지는 거 좋아하냐고 하는 사람들이 있는데 제가 정말 너무 억울하거든요? 저는 진짜 제가 뭐를 따지고 우기고 주장하고 싶어서 하는 게 아니라, 진짜 이 바닥에 유행하는 동아리라는 게 그렇게 막 극단적으로, 하나는 자기만 잘 살면 된다고 하고 하나는 누구도 특별하면 안 되니까 연애도 다부다처제로 하자느니 이런 소리나 하고 있는데 제가 입을 다물고 있을 수가 있어야죠! **이건 제가 말하기를 좋아해서 그러는 게 아니라 어쩔 수 없이! 저는 진짜 어쩔 수가 없어서! 이러는 거라구요.**

주군　아... 아 그러시구나...

호연　아 그런데 제가 또 제 말만 한참 해버렸네요. 죄송해요. 식사 하러 가실까요? 제가 살게요. 죄송하니까.

이건 제가 말하기를 좋아해서 그러는 게 아니라 어쩔 수 없이! 저는 진짜 어쩔 수가 없어서! 이러는 거라구요. (p. 85)

맹자는 제자백가 중 가장 말을 잘한 사람으로 꼽힌다. 그러나 말을 잘한다는 것은 유가 사회에서 높이 사는 재능이 아니었기 때문에, 칭찬이라고 보기 힘들다. 《맹자》를 너무 많이 읽은 사람과는 말도 섞지 말라고 할 정도로, 맹자는 유가의 주요 사상가 중 하나지만 공자보다는 인격적으로 모자란 사람으로 여겨진다.

❝ 공도자가 물었다. '외부 사람들이 모두 선생님께서 논변하기를 즐긴다고 하니, 어쩐 일인지 감히 물어도 되겠습니까?'

맹자가 대답하였다. '내가 어찌 논변을 좋아하겠는가? 내가 어쩔 수 없어서였을 뿐이다.'❞

– 《맹자》 〈등문공 하〉 9

어쩔 수 없어서 논변을 많이 할 뿐이라고 변명하며 시작하는 이 대화에서 맹자는 과거 순임금 시절 나라에 홍수가 들어 큰 피해가 있었을 때와 유사한 수준의 혼란으로 양주와 묵적(묵자의 이름)의 사상이 판치는 당대의 혼란을 꼽으며, 자신이 이 시대를 구원할 새로운 성인이 되는 것이 자신의 임무라고 설파한다. 논변을 좋아하지 않는다고 주장하면서 다른 한편으로는 양주와 묵적을 비난하고 또한 자신의 지위를 과거 성현들의 급으로 올리는 고도의 논변이니, 과연 그가 논변을 즐겼는지 아니었는지는 독자가 판단할 몫이다.

이묵겸 선배 공대 동아리랑 양주아 선배가 하는 체대 동아리인데요, (p. 82)

이묵겸 선배는 모두가 똑같이 잘 살아야 한다고 가족도 없다 아버지도 없다 모두가 똑같아야 한다. (p. 83)

양주아 선배는 자기 자신만! 자기만 잘 살면 된다! 국가, 단체, 이런 거 다 필요 없다고, 대통령 시켜줘도 안 한다 나라를 위해 털 한 올도 희생 못한다 나만 잘 살자! 나! 나! 나! (p. 84)

이렇듯 맹자가 자신의 주적으로 뽑은 양주와 묵적의 죄목은 곧 무부무군無父無君(아버지도 없고 임금도 없다.)이다. 묵가는 자신의 아버지와 타인의 아버지를 구분하지 않고 모두에게 동일하게 이익을 돌려야 한다고 주장했기 때문에 아버지가 없는 것이고, 양주는 자신의 생을 최대한 길게 누리는 것에 집중하여 나라를 위해 희생하는 것 따위는 안중에 없었기 때문에 임금도 없는 것이라고 맹자가 각각 비난한 것이다.

❝ 성왕이 나오지 않고 제후들은 방자하고 벼슬 없는 학자들은 멋대로 떠들기만 하니 양주와 묵적의 말이 천하를 가득 채웠다. 천하의 말이 양주를 따르지 않으면 묵적을 따른다.

양씨는 자신만을 위하니 이는 임금이 없는 것이고, 묵씨는 겸애를 말하니 이는 아버지가 없는 것이다. 아버지도 없고 임금도 없으면 이는 짐승이다.

공명의가 '푸줏간에는 기름진 고기가 있고 마굿간에는 살찐 말이 있는데 백성들에겐 굶주린 기색이 있고 들판에는 굶어죽은 시체가 있다면 이는 짐승을 몰아 사람을 잡아먹게 하는 것이다.'라고 했다. 양주와 묵적의 말이 멈추지 않는다면 공자의 말이 드러나지 못하며 이는 잘못된 말로 백성을 속이는 것이니 인의가 퍼지는 것을 막는 일이다. 인의가 퍼지지 못하게 막는 것도 짐승을 몰아 사람을 잡어먹게 하는 것과 마찬가지니, 곧 사람들이 서로 잡아먹을 상황이 올 것이다.

내가 이것을 두려워하여 앞서간 성인들의 도를 도와 양주와 묵적을 내치고 옳지 못한 말을 내몰며 사악한 설을 만드는 자들이 일어나지 못하도록 하려는 것이다."

– 《맹자》 〈등문공 하〉 9

논변을 좋아하지 않는다는 맹자의 이야기는 이렇게 이어진다. 묵자와 양주의 사상을 그저 싫어한 정도가 아니라, 그들의 말이 결국은 사람이 사람을 잡아먹는 끔찍한 세상을 만들 것이라며 지극히 경계하고 있다.

호연은 이익을
말하는 것을 싫어한다

주군 　　아 그래도 소개팅인데 저녁은 제가 살게요, 이따
커피 사세요.

호연 　　아니에요, 좋은 언니가 멋진 선배 소개해 주시는
자린데 제가 넘 감사한 거죠, 언니도 같이 가요, 제가 언니
까지 식사 대접하고 싶어요.

자인 　　나까지?

주군 　　와, 호연씨 덕에 개이득?!

호연 　　개이득이요? 개이득이요??

`주군`　아, 개... 이런 거 싫어하시나, 그냥 요즘 애들이 하는 말이라서 한번 해본 건데, 제가 좀 실례였나요?

`호연`　주군 선배, 남녀가 만나서 소개팅을 한다는 건 서로 얼마나 마음이 맞는지, 서로 얼마나 좋은 사람인지를 확인하는 자리인데, 이런 신성한 자리에서 이득을 따지시다니요!

`주군`　아니, 그게 아니라 그냥 말이 그렇다는 거지, 제가 이렇게 막 몇 만원 밥 사시는 것 갖고 이득 따지고 이럴...

`호연`　**선배, 선배가 먼저 이득을 따지는 말씀을 하시면 저도 선배를 만날 때마다 이득을 생각하게 되고, 그러면 또 다음에 제 후배나 친구들도 선배를 볼 때 이득을 생각하게 되고, 그러면 선배 친구들도 제 친구들을 보**면서 이득을 생각하게 되고, 이러면 결국 주변의 모든 사람들이 이익만 생각하면서 서로 배신하고 더 많은 이익을 줄 사람을 찾아가고 이렇게 되지 않겠어요?

그러니까 사람들이 소개팅을 하든 선을 보든 서로 직장을 물어보고 연봉을 물어보고 순수하지 못한 생각을 하는 시대가 온 것이 아니겠어요? 그러니까 이렇게 묵겸 선배나 양주아 선배가 다 이익창출을 말하는 동아리를 세우고 이런 시대가 오지 않았겠어요? 우리가 이런 사회에서 생각 없이 그런 말을 되풀이해서야 되겠어요?

선배, 우리는 이익이 아니라 의리, 사랑, 아름다운 마음, 인성, 이런 걸 따져야 하지 않겠어요?

주군　(이를 앙다물고 자인에게 옆말로) 야, 니 친구 중에 젤 예쁘고 젤 괜찮은 애라며? 나보고 어쩌라는 거냐 얘...

자인　그... 그... 예쁘지 않아? 똑똑하기도 진짜 똑똑한데, 진짜 착하기도 하고... 만나다보면 진국일 거야, 진짜야, 지금 말만 이렇게 하는 게 좀 긴장해서 그런 걸 수도 있고... 좀 더 지켜봐 봐.

주군　야 너 아까 내가 이상한 애 소개시켜 줬다고 나 완전 멱살 잡으려고 했었지? 내가 진짜 특별히 너 봐서 이 친구 우선은 만나는데... 애 계속 이러면 너도 나한테 멱살 잡히고, 그 다음 다른 친구 소개 또 해줘야 돼, 알았냐?

자인　야... 다음 소개팅 얘기는 애 없는 데서 해야지! 그래도 예의는 마지막까지 지켜라... 난 이만 간다...

주군　하아... 진짜 내가 너 봐서 참는다 진짜... 가라 가라 이런 자리에 나만 두고 가라 공자인...
　(자인에게 인사하고 돌아보는 호연에게) 네, 네, 호연씨 말씀이 진짜 맞죠, 제가 말실수를 했네요. 의리와 사랑이 중요

하죠. 그럼 이상형은 어떻게 되세요? 연예인 중에라든가...
어떤 분 좋아하세요? 요즘 준호? 아니면 정해인? 이런 분
들 인기 많으신 거 같던데...

호연   자인 언니 따르는 친구들은 연예인 얘기는 취급
도 안 해서 **연예인으로 이상형을 말한다는 건 생각도 못
하겠네요. 이상형이라는 건 말 그대로 어떤 인격을 갖춘
자가 최고의 남자친구라고 생각하는가를 따지는 거 아
니겠어요?**

주군   아... 아 네, 제가 또 말실수를...

공자인의 글 속 고전 이야기 6

이익을 언급한 양 혜왕

    맹자 또한 공자와 마찬가지로 여러 나라들을 돌아다니며 통치자를 만나고, 자신의 사상을 받아들여 나라를 다스리라고 유세했다. 맹자는 공자보다 더욱 명시적으로 자신의 말을 따라 나라를 다스리면 백성들의 사랑을 받아 천하를 통일할 수 있다고 주장하기도 했다. 공자는 직접적으로 통치자를 비난하거나 비판하지 않고 물러나서 다른 나라로 옮겨간 듯 보이지만, 맹자는 공자와 달리 통치자의 면상에서 대놓고 면박을 주는 장면이 여럿 등장한다.

이익을 언급한 양 혜왕

선배가 먼저 이득을 따지는 말씀을 하시면 저도 선배를 만날 때마다 이득을 생각하게 되고, 그러면 또 다음에 제 후배나 친구들도 선배를 볼 때 이득을 생각하게 되고…… (p. 90)

선배, 우리는 이익이 아니라 의리, 사랑, 아름다운 마음, 인성, 이런 걸 따져야 하지 않겠어요? (p. 91)

> **❝** 맹자가 양 혜왕을 만났다. 왕이 '어르신이 천리를 멀다 하지 않고 여기까지 오셨으니 제 나라에 이익이 있지 않겠습니까?'라고 말했다.
> 맹자가 대답하였다. '왕이시여, 어찌 이익을 말씀하십니까? 인의仁義가 있을 따름입니다. 왕이 「어떻게 우리나라에 이익을 가져올까?」라고 하면 대부는 「어떻게 우리 집안에 이익을 가져올까?」라고 하고 일반인은 「어떻게 내 몸에 이익을 가져올까?」라고 할 것이니, 이렇게 서로 이익을 탐하면 나라가 위태로워질 것입니다.'"
>
> — 《맹자》〈양혜왕 상〉1

양 혜왕은 위魏나라의 혜왕을 말한다. 혜왕 31년에 안읍安邑에서 대량大梁으로 천도하였기 때문에 이 때부터 위나라를 양나라라고 부르기도 했다. 이 당시 통치자들이 유명한 사상가들을 초빙하여 견해를 듣고 자문을 구하는 것은 이미 확립된 전통이었던 듯 보인다. 그러므로 혜왕은 위나라에 어떤 이익을 가져올 수 있을 만한 현명한 조언을 해줄 것이냐고 물은 것이다. 그러나 맹자는 통치자부터 이익을 따진다면 결국은 나라가 위태로워질 뿐이니 인과 의 같은 덕목에 대해 먼저 고민해야 한다고 대답한다.

대표적인 패자인 제나라 환공과 진나라 문공을 언급한 제 선왕

연예인으로 이상형을 말한다는 건 생각도 못하겠네요. 이상형이라는 건 말 그대로 어떤 인격을 갖춘 자가 최고의 남자친구라고 생각하는가를 따지는 거 아니겠어요? (p. 92)

양 혜왕과 유사하게 제 선왕 또한 잘못된 질문으로 대담을 시작하여 맹자의 비난을 산다.

> ❝제 선왕이 물었다. '제나라 환공과 진나라 문공에 대해 들을 수 있을까요?'
>
> 맹자가 대답하였다. '공자의 제자들은 환공이나 문공의 일은 입에 담지도 않아서 후세에 전해진 바가 없어 제가 들어보지 못했습니다. 괜찮으시다면 왕(천자)이 되는 도리에 대한 이야기를 해도 되겠습니까?'"
>
> − 《맹자》〈양혜왕 상〉 7

제나라 환공과 진나라 문공은 왕이 아니지만 중국의 큰 지역을 다스릴 정도로 세력을 키웠던 사람들로, 이런 사람들을 패자霸者라고 부른다. 제 선왕의 입장에서 제 환공은 자신의 선조 중에 가장 세력을 넓혔던 사람이니 저명한 학자에게 자신의 선조 칭찬을 듣고 싶었던 셈이다. 그러나 맹자는 제 환공을 무시하는 대응을 한다.

맹자는 덕이 아니라 무력을 통해 나라를 키우고 세력을 넓힌 이들은 높이 평가할 필요가 없다고 생각하며 패자와 왕자를 구분한다. 왕자는 덕을 통해 왕의 지위를 획득한 자라고 할 수 있다. 그러므로 맹자는 패자에 대해서는 입에 담고 싶지도 않다며 대신 진정한 왕이 되는 법에 대해 이야기해 보자고 화제를 바꾼다.

호연은 주군의
가능성을 믿는다

호연　　　아니에요, 연예인이 문제가 아니라 자인 언니 통해서 들은 얘기에 따르면 **선배야말로 정말 최고의 남자친구가 될 수 있는 분인 것 같더라고요.**

주군　　　제가요? 자인이가 그래요??

호연　　　아뇨 뭐 자인 언니가 직접 그렇게 말씀하신 건 아니지만요... 유기묘 키우신다면서요?

주군　　　아 네, 몽실이요? 학교 앞에 지나가는데 배짝 말라서 갈빗대가 다 드러나 있는 고양이가 동네 애들한테 괴롭힘 당하고 있길래 구해줬다가 그렇게 됐죠.

호연   와, 진짜 너무 훌륭하시다! 너무 멋지신 것 같아요! 그렇게 약한 동물한테까지 마음을 쓰신다는 것 자체가, 정말 최고의 남자인 것 아닌가요?

주군   아... 아 제가... 그런... 건가요? 아니 자인이는 사실 저한테 이것도 부족하다 저것도 부족하다 이렇게 잔소리를 많이 하는 친구라서... 제가 이런 얘기 들으니까 굉장히 쑥스러우면서도 기분이... 좋으네요.

호연   언니가 선배를 믿어서 그렇죠. 정말 훌륭한 사람이 될 수 있는 분이라고 생각하기 때문에 그러시는 거예요.

주군   그... 그럴까요?

호연   그럼요, 사실 사람은 누구나 최고의 애인이 될 수 있는 바탕을 가지고 있는 건데, 선배 경우는 더 더 명확한 거죠. 고양이 정도도 그렇게 아끼시는데, 애인이라면 얼마나 더 아끼겠어요!

주군   아, 그냥 저는 아무 생각이 없이 그냥 너무 불쌍했던 거예요. 죄도 없는 고양이가 저러다가 길거리에서 애들 괴롭힘에 죽으려나 싶어서 그 야옹야옹거리는 소리를 견딜 수가 없더라고요.

`호연`　　그렇죠, 그 상황에서 뭐 인스타에 올려서 유명해져야겠다거나 고양이 좋아하는 여자애들한테 인기를 얻어야겠다거나 그런 생각 하나도 없이, 그냥 마음에서 저절로 우러나오는 감정에 따르신 거잖아요. 그런 순수한 마음이 너무 멋진 거죠! 사람 마음에는 다 그렇게 자기보다 약한 걸 도와주고자 하는 마음이 있잖아요?

`주군`　　그... 글쎄요, 누구나 그러려나요? 그 고양이한테 돌 던지던 애들도 있던 건데...

`호연`　　그런 건 사람도 아니라고 봐야죠. 싸이코패스가 어릴 때 동물 괴롭히는 것부터 시작한다던데, 공감 능력이 완전히 결여된 상태니까요. **보통 사람이라면 죄 없는 약한 존재가 위험에 빠지려고 하는 순간에는 나도 모르게 마음이 움직이는 공감의 싹 같은 게 있는 건데**, 이걸 얼마나 많은 사람한테 확대해서 적용할 수 있느냐가 관건인데, 지금 선배는 성공하고 있으신 거죠.

`주군`　　아하하하... 이거 참... 첫인상은 좀 무서우셨는데 이렇게 좋게 말씀해 주시니 제가 몸둘 바를 모르겠네요. 호연씨는 사람을 굉장히 좋게 보시나 보다.

`호연`　　아, 네 제가 사람을 진짜 좋아해서요. 원래는... 클럽 가는 걸 진짜 좋아했거든요.

주군   오, 클러버셨구나!

호연   네, 제가 워낙에 음악을 좋아해서...

주군   저도 클럽 좋아하는데... 어떤 친구는 제가 그래서 연애 못하는 것 같다고 그러더라고요. 클럽 다니는 거 여자 친구들은 싫어할 거라고.

호연   음악을 좋아하신다는 거는 좋은 남자친구가 되실 수 있다는 뜻이죠!

주군   네? 음악 좋아하면요?

호연   **음악이라는 게 정말 사람들 많은 데서 다 같이 리듬 타면서 막 춤추고 이러면 다 같이 하나 되는 거 같은 느낌이 확 올라오고 카타르시스가 있고 그렇잖아요?** 음악 듣다가 좋은 음악 나오면 여자 친구한테도 이 음악 듣게 해주고 싶다 이런 생각도 들고...

주군   그럴 때 있죠! 사랑하는 사람이랑 같이 들으면 얼마나 좋을까 이런 생각이 드는 음악.

호연   그렇죠... **음악을 같이 나눌 때 느끼는 그 즐거움으로 모든 다른 좋은 걸 나눈다면 얼마나 즐겁겠어요!**

그런게 바로 진정한 연애입니다!!

주군　　하아... 그렇죠 그렇게... 모든 걸 나누는 연애를... 저도 꿈꾸는데요...

호연　　좀 외로우시구나!

주군　　제가 내내 여자 친구가 없었어요. 아무래도 이제는 좀 진득하게 사귀고 싶은 생각이 좀 있죠.

호연　　그게 바로 좋은 남자 친구가 되실 수 있다는 뜻이죠!

주군　　네?? 외롭다는 게요?

호연　　네, 지금 엄청 사랑 많이 받고 여자 친구랑 꽁냥꽁냥 잘 지내고 싶으실 때잖아요. 그 마음으로 여자 친구분도 그렇게 사랑 받고 싶겠구나, 생각하시면 진짜 상대 마음을 엄청 잘 배려할 수 있을 것 같은데요?

주군　　와 진짜 그렇게 얘기해주시니까 너무 위안이 되네요. 다들 저보고 우유부단해서 평생 가도 연애 못할 거라고만 그래서.

호연　　우유부단하신 건 왜일까요? 혹시 뭐 세상 여자들 다 만나봐야겠다거나, 어느 하나로는 만족할 수 없다거나, 눈이 너무 높으시다거나 그런 마음일까요?

주군　　아... 그렇다기보다는... 제가 좋아하는 친구가 좀... 눈이 높았던 면이 있었던 것 같아요. 그러다 보니까 취업도 하고 돈도 잘 벌고 능력 있어진 다음에 사귀자고 해야 하는 걸까, 아니면 차라리 포기하고 저 좋다는 다른 친구를 만나볼까 고민이 되기도 하고, 그러다보니 이 사람 저 사람 어장관리하고 있는 것처럼 보였던 것도 같네요.

호연　　아, 어장관리는 최악이죠. 그렇게 여러 사람한테 마음 있는 것처럼 보여서는 점점 멀어지기만 할 것 같은데요.

주군　　그럼 어떻게 해야 될까요?

호연　　지금 보니까 이미 너무 괜찮으신 분 같은데, 사실 여자들이 막 스펙이니 능력이니 보는 것 같아도 자상한 남자 앞에서는 맥을 못 춰요. 이미 전국대 원조얼짱에 정치학과 남신으로 유명하신데, 젠틀하고 여자 친구 진짜 위한다고까지 소문 나면 학교 각 과 여신들이 제 발로 찾아와서 줄 설 걸요?

주군　아니 그 정도는 바라지도 않고요.

호연　근데 솔직히 지금 상황이 사실 크게 다르진 않은 것 같더라고요.

주군　네?

호연　워낙에 자인 언니가 철학과 여신으로 유명했는데, 선배 외국 나가계신 사이에 언니가 왜 남자 친구 안 사귀는 건지 말이 많았거든요. 사람들이 선배 기다리는 거라면서, 선배가 완전 엄친아에 성격까지 좋아서 최고의 남자 친구라더라, 자인 언니 눈이 너무 높아져서 다른 남자 못 만난다더라, 웅성웅성 했어요. 자인 언니가 저한테 소개팅 해 준다고 해서 제가 진짜 놀랐는데, 언니는 자기 진짜 선배 좋아한 거 아니라고 그냥 친구일 뿐이라고 계속 그러시더라고요?

주군　아, 네... 맞을 거예요. 자인이는 저 안 좋아한 걸 거예요.

호연　근데 선배는 자인 언니 좋아하셨구나?

주군　... 기분 상하시겠다. 자인이가 이런 얘기 절대 하지 말랬는데.

호연　　아니에요! 저는 진짜 자인 언니 최고라고 생각하거든요? 제가 후배들한테 자인 언니가 이랬고 자인 언니가 저랬고 자꾸 그래서 애들이 저보고 짭자인이라고 부르는데, 전 그것도 칭찬이라고 생각해요. 선배가 저한테서 자인 언니랑 비슷한 점 발견하고 만나주신다면 뭐 영광이죠.

호연은
사회복지사를 꿈꾼다

주군 　　　아 무슨, 영광이라니요. 자인이 얘기는 그만 하죠, 호연씨 본인의 매력이 아주 많으신 것 같은데요. 호연씨는 시험 준비하고 계시다고 들었는데요.

호연 　　　네, 자기계발 동아리에 자인 언니 후배들이 전부... 아 이거 자인 언니 얘기 빼고는 진행이 안 되네요 죄송해요. 여튼 그 동아리 후배들이 전부 다 스펙 쌓고 공부하고 시험 보고 자격증 따고 이러는 거에 엄청 열정적이죠. 사범대 복수전공하면서 교사 자격증 따려는 친구들도 꽤 있고, 공무원 자격증 따려는 친구들도 많고요. 자인 언니가 항상 자격증보다 중요한 게 인성이라고 하시니까, 그럼 교사보다 공무원보다 인성이 더 중요한 건 뭘까 생각하다가, 제가 워낙에 사람들 만나는 것도 좋아하고 힘든 사람들 돕고 이러는 것도 관심이 많아서 사회복지사 준비하기 시작했어요.

주군 정치나 이런 쪽에 관심이 있으신 건가요?

호연 세금은 얼마나 어떻게 걷고 진짜 힘든 사람들이 혜택을 잘 받고 있는 게 맞는지, 그런 쪽에 관심이 있는 건데요. **세금으로 계속 퍼주는 식의 복지보다는 사람들끼리 옷을 나눠 입고 식재료도 직접 생산하고** 이렇게 해서 특히 노인분들이 소화 잘 되는 좋은 음식 먹고 몸에 가벼운 좋은 옷 입으면서 편안하게 살 수 있도록 하는 이런 대안을 구상해 보고 있어요. 요즘은 집집마다 실내에서 텃밭 가꾸고 그러는 것도 많이 하니까, 체계적으로 대중화할 수 있을까, 그런 고민이요.

주군 대단하시네요, 저도 항상 생각은 하는데, 나서서 커리어를 그 쪽으로 정하고 이러는 건 못하겠던데.

호연 아니죠, 누구든지 다 할 수 있는 건데요. 남들 돕는다는 거는 그러니까 막 우사인 볼트처럼 빨리 뛰지는 못한다는 것처럼 능력이 모자라서 못하는 거는 아니잖아요? 누구나 하려면 할 수 있는 거니까요. 선배도 당연히 원하시면 하실 수 있죠.

`주군`　　　그렇...게 볼 수 있으려나요?

`호연`　　　아까 유기묘 입양하신 것처럼요, 마음에 어떤 감정이 들었을 때 그걸 딱 잡고, 억지로 키우려고 하지도 말고 잊어버리지도 말고 가만히 마음에 품고 있다가, 또 이런저런 고민을 하면서 그러면 내가 어떻게 도움이 될 있을까, 지난번에는 이렇게 했더니 누가 좋아했는데, 이번에 비슷한 일이 벌어졌으니까 또 비슷하게 대응해볼까, 이렇게 자꾸 확대를 해보기도 하고, 뭐 그런 식으로요. 그러면 그 마음이 전 우주를 채울 수 있을 정도로 엄청나게 커져서 전세계 모든 사람에게 친절을 베풀 수 있게 되는! 그런 겁니다.

　선배는 이미 좋은 방향으로 시작을 하신 거기 때문에, 절대로 못한다고 할 수가 없어요. **나는 못한다고 선언하는 거는 나 자신을 포기하는 건데, 선배처럼 훌륭한 분이 왜 자기를 포기해요?**

`주군`　　　와, 또 그렇게 말씀해 주시니까 제가 좀 힘이 나는 것 같네요. 저 전부터 생각만 하던 건데, 몽실이도 있고 하니까 유기묘센터 같은 데서 봉사활동 시작해 볼까... 고민만 하고 시작을 못했거든요. 그런 거에 관심 있으세요?

`호연`　　　그것도 물론 좋지만, **동물보다는 사람한테, 사람 중에서는 가족이나 애인처럼 더 가까운 사람한테 실천하는 것도 좋죠.** 내가 지금 동물한테도 이렇게 사랑을

베푸는데, 나한테 제일 가까운 사람들한테는 그렇게 하고 있는지 좀 진득하게 붙잡고 고민을 해보는 과정이 필요한 건데요...

주군 와 이게 얘기를 듣다보니까, 왜 호연씨가 묵겸이네 동아리를 그렇게 싫어하시는지 알 것 같네요.

호연 아 그러세요?

주군 지금 보니까 이익 따지는 거 싫어하고, 음악 좋아하고, 가족애 이런 거 중시하고 이러시는데 묵겸이네는 사사건건 이윤창출 타령에 음악 금지하고, 가족이든 애인이든 가까운 사람부터 챙기는 거 반대하고, 이런 게 완전 다 상극인데요?

호연 너무 정확하시네요! 제가 정말 요즘 상황이 너무 개탄스럽다니까요. 그래도 선배랑은 말이 너무 잘 통하는 것 같아서 다행이에요. 아까는 이묵겸씨 소개해 주셨다고 하길래 순간 긴장했었는데... 제가 그래서 말이 좀 심하게 나갔던 것 같아요.

주군 그럴만 했네요, 저는 묵겸이랑은 건너건너 아는 사이고 사실 가깝지는 않아요. 묵겸이도 저한테 자꾸 금수 저라느니 어려움을 모른다느니 그러는데, 제가 실제로 집

안이 여유롭거나 그렇지는 않거든요.

호연   그 사람 맘에 들 정도로 흙수저이려면 그냥 가진 게 하아아나도 없어야 하거든요, 가족도 없고 집도 절도 없어야 되고, 아마 신발도 집에 두 켤레 이상 있다고 하면 벗어서 기부하라고 할 사람이니까요.

주군   아니 뭐... 나누고 사는 게 그렇게 나쁜 것만은 아니긴 하지만, 그 친구도 극단적인 면이 있기는 있다 이런...

호연   저랑 너무 말이 잘 통하시네요... 오늘 너무 좋은 분 소개 받아서 정말 기뻐요. 자주 봤으면 좋겠어요.

주군   저야말로 오늘 즐거웠어요. 자인이가 호연씨가 사람들이랑 어울리는 거 워낙 좋아하고 인기가 많다고 하더니, 이렇게 사람을 칭찬해 주시고 사람 좋다고 추어주시는 분이라 그런가 봐요. 저도 오늘 기분 좋게 들어가네요.

공자인의 글 속
고전 이야기 7
맹자의 성선설

제 선왕과 소의 이야기

선배야말로 정말 최고의 남자친구가 될 수 있는 분…… (p. 97)

약한 동물한테까지 마음을 쓰신다는 것 자체가, 정말 최고의 남자인 것 아닌가요? (p. 98)

맹자는 제 선왕에게 패자의 이야기는 하지 말고 왕에 대해 이야기해보자고 하고는, 제 선왕도 훌륭한 왕이 될 수 있는 자질이 있는 사람이라고 설득한다. 왕이 어떻게 이를 아냐고 묻자, 제사에 바칠 소가 끌려가며 괴로워하는 모습을 보고 살려준 적이 있다는 이야기를 들었다면서, 그러한 측은지심을 가진 것을 미루어 좋은 왕이 될 수 있다는 것을 알았다고 설명한다.

66 저 맹자가 호흘에게 들었습니다. 호흘이 '왕께서 당 위에 앉아계시다가 당 아래를 지나 소를 끌고 가는 이가 있는 것을 보고는 「소를 어디로 끌고 가는 것이냐?」라고 물으셨는데, 그가 「종에 피를 칠하는 의례에 쓰일 소입니다.」라고 하자 왕께서 「멈추어라! 소가 죄 없이 죽을 곳으로 끌려가는 것처럼 두려움에 떠는 모습을 견디지 못하겠다.」 하셨다.'고 하였습니다."

– 《맹자》 〈양혜왕 상〉 7

《맹자》 14편 중 첫 편의 마지막 장에 나오는 소에 대한 이야기에는 측은지심이라는 말이 직접적으로 언급되지는 않는다. 다만 소를 불쌍히 여기는 이런 마음이 있다면 마땅히 백성들도 불쌍히 여길 수 있으므로 좋은 왕이 될 자질이 있다고 설득할 따름이다.

측은지심과 사단四端에 대한 이야기는 우물에 빠지려고 하는 어린 아이의 비유에 등장한다. 맹자는 사단이란 인간이라면 대체로 사지를 가지고 있듯이 인간에게 자연적으로 주어지는 것이라고 주장한다.

뭐 인스타에 올려서 유명해져야겠다거나 고양이 좋아하는 여자애들한테 인기를 얻어야겠다거나 그런 생각 하나도 없이, 그냥 마음에서 저절로 우러나오는 감정에 따르신 거잖아요. (p. 99)

보통 사람이라면 죄 없는 약한 존재가 위험에 빠지려고 하는 순간에는 나도 모르게 마음이 움직이는 공감의 싹 같은 게 있는 건데…… (p. 99)

66 사람은 누구나 차마 하지 못하는 마음이 있다고 말하는 까닭은 다음과 같습니다. 여기 어떤 사람이 어린 아이가 우물에 빠

지려고 하는 모습을 갑자기 본다고 합시다. 누구라도 깜짝 놀라며 불쌍히 여기는 마음이 생길 것인데, 이는 그 아이의 부모와 친분을 맺고 싶어서도 아니고, 고을의 친구들에게 명예를 얻고 싶어서도 아니고, 아이의 비명 소리가 싫어서도 아닐 것입니다.

이로 보자면 측은지심(불쌍히 여기는 마음)이 없다면 사람이 아니고, 수오지심(잘못을 부끄러워하는 마음)이 없다면 사람이 아니고, 사양지심(예의를 갖춰 사양하는 마음)이 없다면 사람이 아니고, 시비지심(잘잘못을 가리는 마음)이 없다면 사람이 아닙니다. 측은지심은 인仁의 실마리이고, 수오지심은 의義의 실마리이고, 사양지심은 예禮의 실마리이고, 시비지심은 지智의 실마리입니다. 사람이 이 사단(네 가지 실마리)을 가지고 있는 것은 사지가 있는 것과 마찬가지입니다."

– 《맹자》 〈공손추 상〉 6

맹자는 '사람다운 사람'이라면 누구나 감정을 느낄 수 있을만한 극단적인 경우를 설정하여 측은지심의 존재를 설명한다. 그러나 모든 인간이 사지를 갖추고 태어나는 것이 아니듯이 사단이 온전하지 않은 사람도 분명히 있다. 맹자의 이 주장은 모든 사람이 반드시 사단을 갖추고 있다는 의미라기보다는 오히려 사단이란 인간의 자연스러운 일부기 때문에, 웬만한 사람이라면 의도나 계산 없이 자연스럽게 올라오는 측은지심을 내면에서 발견할 수 있으리라는 설득의 차원으로 보아야 한다.

사단은 누구에게나 발견되는 감정의 실마리지만 그렇다고 곧 이것이 인의예지의 네 가지 덕목인 것은 아니다. 실마리와 덕목의 관계에 대해서는 추후에 조금 더 다루도록 하겠다.

공자인의 글 속
고전 이야기 8

맹자 사상의 요모조모

백성과 함께 음악을

　당대의 왕들도 클래식 음악을 듣는 대신 유행하는 음악을 듣고 춤을 즐기는 취미를 가진 것을 조금 부끄러워했던 듯하다. 제선왕은 맹자가 음악을 좋아하냐고 묻자 민망해하며 얼굴을 붉히기까지 한다. 그러나 맹자는 유행가를 듣는 것도 클래식 음악을 듣는 것만큼이나 좋은 취미이며, 그에게 좋은 왕이 될만한 자질이 있다고 다시금 설득을 시작한다.

음악이라는 게 정말 사람들 많은 데서 다 같이 리듬 타면서 막 춤추고 이러면 다 같이 하나 되는 거 같은 느낌이 확 올라오고 카타르시스가 있고 그렇잖아요? (p. 100)

음악을 같이 나눌 때 느끼는 그 즐거움으로 모든 다른 좋은 걸 나눈다면 얼마나 즐겁겠어요! 그런게 바로 진정한 연애입니다!! (p. 100)

❝ 다른 날 맹자가 왕을 만나서 '왕께서 전에 장자에게 음악을 좋아한다고 하셨다는데 맞습니까?'라고 하자, 왕이 얼굴색이 변하며 '과인은 선왕의 음악을 좋아한다는 것이 아니고 유행가를 좋아한다는 말일 뿐이었소.'라고 대답했다.

'왕께서 음악을 좋아하는 마음이 깊다면 제나라는 다 잘 된 것입니다! 오늘날 음악이나 과거 음악이나 마찬가지입니다.'

'그 얘기를 좀 들어볼 수 있겠소?'

'혼자 음악을 즐기는 것과 사람들과 함께 음악을 즐기는 것 중 무엇이 더 즐겁습니까?'

'사람들과 함께 즐기는 것만 못하오.'

'적은 수의 사람과 음악을 즐기는 것과 여러 사람과 함께 음악을 즐기는 것 중 무엇이 즐겁습니까?'

'여러 사람과 함께 즐기는 것만 못하오.' ……

'백성들이 왕의 수레와 말 소리를 듣고 깃발의 아름다움을 보고는 흡족하게 기쁜 낯빛을 하고 서로 속닥거리며 「우리 왕께서 건강하신가 보다! 이렇게 사냥을 다니시네!」라고 말할 수 있다면 이는 다른 것이 아닙니다. 왕이 백성과 함께 즐겼기 때문입니다. 왕께서 백성들과 함께 즐기려고 한다면 왕노릇을 할 수 있습니다.'❞

– 《맹자》 〈양혜왕 하〉 1

아성인 맹자

저는 진짜 자인 언니 최고라고 생각하거든요? 제가 후배들한테 자인 언니가 이랬고 자인 언니가 저랬고 자꾸 그래서 애들이 저보고 짭자인…… (p. 104)

맹자는 공자를 최고의 성인으로 추대한다. 기존 성인들도 물론 훌륭하지만 공자야 말로 모든 성인들의 장점을 집대성한 자라고 보았다. 성인의 반열에 오르고 싶어했던 맹자는 후대에 아성 亞聖, 즉 성인에 버금가는 자라고 불린다.

맹자의 복지 고민

세금으로 계속 퍼주는 식의 복지보다는 사람들끼리 옷을 나눠 입고 식재료도 직접 생산하고... (p. 106)

맹자는 땅을 어떻게 구획을 지어 공전公田과 사전私田을 나누며 세금은 어느 정도까지 걷어야 하는지, 고아 과부 홀아비와 독거노인 등 반드시 먼저 챙겨야 하는 소외계층은 누구인지, 어떤 동물들을 키워 잡아먹고 어떤 나무를 심어 누에를 쳐야 하는지 등 백성들 삶의 개선을 위한 구체적인 조언들을 내놓는다. 단순히 굶주린 이들에게 먹을 것을 나누어주어야 하는 부의 재분배 차원의 복지를 넘어서, 땅을 나누어주고 세금은 최소화하며 고기와 옷감을 직접 생산할 수 있는 방법을 갖추도록 유도해야 한다는 점이 흥미롭다.

맹자가 특히 신경을 쓴 것은 노인들로, 거친 음식을 쉽게 소화

할 수 없으며 겨울에 옷을 여러 겹 껴입으면 옷이 무거워 힘에 부치는 것을 신경 썼다. 왜 유가에서 좋은 음식이 있으면 어른에게 양보하고 좋은 옷감이 있으면 어른의 옷을 먼저 지어야 한다고 하는지 알아볼 수 있는 대목인데, 단순히 나이가 더 많은 자이므로 공경을 표하는 것이 아니라 과학이나 의료 기술이 발달하기 이전인 기원전의 척박한 환경에서 약자의 생명을 지키기 위한 방법이었던 것이다.

공자인의 글 속
고전 이야기 9
측은지심의 확충

마음에 있는 사단을 확인한 이후에는 이를 확대 적용하기 위해 노력해야 한다. 확대에는 순서가 있어서, 자신에게서 가까운 데에서부터 먼 데로 확대되며, 이미 사단이 마음 속에 있음을 확인했기 때문에 중간에 그만두는 것은 능력이 부족해서가 아니라 능력이 있는데도 포기하는 것이므로 용납되지 않는다.

누구든지 다 할 수 있는 건데요. 남들 돕는다는 거는 그러니까 막 우샤인 볼트처럼 빨리 뛰지는 못한다는 것처럼 능력이 모자라서 못하는 거는 아니잖아요? 누구나 하려면 할 수 있는 거니까요. 선배도 당연히 원하시면 하실 수 있죠. (p. 106)

동물보다는 사람한테, 사람 중에서는 가족이나 애인처럼 더 가까운

사람한테 실천하는 것도 좋죠. (p. 107)

> **❝** 지금 은혜가 동물에게 닿기에는 충분한데 그 결과가 백성에게는 닿지 못하니 이는 유독 어째서입니까? 깃털 하나를 들지 못하는 것은 힘을 쓰지 않는 것이고, 수레에 가득 담긴 땔나무를 못 본다는 것은 시력을 쓰지 않는 것이지 백성들이 보호를 받지 못한다면 이는 왕이 은혜를 쓰지 않는 것에 불과합니다. 그러므로 왕이 왕 노릇을 안 하는 것은 안 하는 것이지, 못 하는 것이 아닙니다. ……
>
> 우리 집 어른을 어른으로 모시는 태도를 다른 집 어른에게도 미치게 하고, 우리 집 아이를 아이로 보호하는 태도를 다른 집 아이에게까지 미치게 하면 천하를 손바닥 위에서 운행시킬 수 있습니다. 《시경》에서 '내 처에게 먼저 모범을 보이고 형제에게 다다라서 집안과 나라를 다스리네.'라고 하였습니다. 이 마음을 들어 저것에 적용한다는 말입니다. 그러므로 은혜를 미루어 나간다면 사해四海를 보전할 수 있으며 미루어 나가지 않으면 처자식을 보전하기에도 부족합니다."
>
> – 《맹자》 〈양혜왕 상〉 7

맹자는 인간이 친절을 베푸는 데에는 마땅한 순서가 있다고 생각했다. 제 선왕의 경우처럼 소에게는 친절을 베풀면서 백성에게는 은혜가 닿지 못하는 것은 옳지 못하다고 보았다. 백성은 같은 인간이기 때문에 왕으로부터의 거리가 가까워서 인간에게 측은지심을 느끼는 것이 더 쉬운 일이기 때문이다. 이와 마찬가지로 자신의 가족에게 선량한 행동을 하는 것은 자연스러운 일이라고 여겨 이는 설득이 필요 없다고 보았고, 다만 이 마음을 더 멀리 있는 사람에게까지 적용하여 천하의 모든 이에게 미칠 수 있다면 왕이 될만하다고 말하고 있다.

가까운 이에게 느꼈던 측은지심을 점점 더 먼 이에게까지 적용해 나가는 과정에서 이러한 선한 마음은 절대로 포기하지 말아야 한다. 나에게는 이러한 덕목이 없다고 선언하는 것은 자신을 해치는 것에 버금가는 일이라고 주장한다.

나는 못한다고 선언하는 거는 나 자신을 포기하는 건데, 선배처럼 훌륭한 분이 왜 자기를 포기해요? (p. 107)

66 사단이 있으면서도 나는 할 수 없다고 여기는 자는 자신을 해치는 자이고, 우리 군주는 이를 못할 것 같다고 여기는 자는 그 군주를 해치는 자다.”

― 《맹자》〈공손추 상〉 6

Ⅲ.
착한 마음과
성인의 길

주군은
호연의 칭찬이 흐뭇하다

자인 어땠어? 마지막까지 매너 있게 앉아있다 왔지?

주군 매너 때문에 앉아있던 게 아니라 진짜 재미있어서 얘기 잘 했어. 처음에는 좀 무서운 거 같더니 말도 잘 하고 되게 매력 있더라.

자인 아... 정말? 다시 보기로 했어?

주군 자주 볼 거 같은데?

자인 아... 다행이네, 서로 마음에 들었다니.

주군 야 근데... 니가 이 말 들으면 뭐라고 생각할지 모르겠지만...

자인   무슨?

주군   내가 원래 너 좋아했었다는 말이 어쩌다가 흘러나왔는데 그 친구가 원래 알던 것처럼 얘기하더라? 그러면서 자기는 괜찮대. 워낙에 존경하는 언니라 내가 자기랑 너랑 비슷하다고 생각해서 매력을 느낀다고 하면 자기는 영광이래나... 나는 진짜 니 후배들 만날 때마다 놀라는데 걔네는 왜 그렇게 너를 좋아하냐...

자인   뭐? 전에 좋아했었다고 했다고? 아니 뭐.. 과거형이라고 하면 기분 안 나쁠 수도 있겠지, 니가 이제는 끝난 거라고 얘기한... 거야?

주군   뭐 끝나긴 애초에 시작한 적도 없으니까. 뭐라고 구체적으로는 말 안 하고 그냥... 어쩌다가 그런 분위기만 풍겼달까. 여튼 신경 안 쓴대.

자인   근데... 진짜로 나랑 비슷한 점이 있나 걔가?

주군   글쎄... 솔직히 그건 잘 모르겠네. 뭐 좋은 사람 만나야 한다느니 재력이나 능력은 고려하지 말라느니 훌륭한 사람 되려고 노력해야 한다느니 이런 기본적인 얘기야 비슷하기도 하지만...

자인 근데?

주군 그 친구는 우선 나를 칭찬을 잘 해주더라고. 착하다 잘한다 잘할 수 있다 자꾸 그러니까... 나도 모르게 좀 기분이 좋아지면서 빠져든다고 해야 하나, 더 잘해주고 싶고 그 앞에서는 더 좋은 사람 되고 싶은 기분이 좀 든달까?

자인 좋은... 전략이네.

주군 전략이라고? 아니 호연씨 성격이 원래 그런 거겠지. 너도 지금 나 소개팅 해주고 뒤에서 뒷담하려고 그러는 거야?

자인 아냐! 아냐 아냐 진짜 그런 거 아냐. 그렇지만 좋은... 방법이잖아, 잘한다 잘한다 해서 더 잘해주고 싶게 만들다니. 나도 좀... 배워봐야 하나 싶네...

주군 니 성격에 되겠냐. 몇 번 하다가 생각만큼 안 되면 불호령부터 나가겠지. 호연씨는 진짜로 사람들은 누구라도 좋은 애인이 될 수 있는 가능성이 있다느니 그렇게 말하던데?

자인　　그래, 걔는 진짜 그 말은 자주 하더라. 물이 아래로 흐르듯이 씨앗 안에 소나무가 갖춰있듯이 뭐 이런 비유 쓰면서. 나는... 그게 그렇게까지 확정된 건지는 잘 모르겠기는 한데. 살다보면 포기해야 되는 사람도 있고 그렇잖아.

주군　　독서클럽 생각하나? 괜히 너무 마음쓰지 마. 니 말대로 포기할 건 포기해야지, 너 사실은 포기 안 하고 마음 속에 계속 두고 있는 것 같던데. 우울해 하지마, 니 잘못 아니야.

자인　　결국은 다 내 잘못이지 뭐. 그렇게까지 심하게 말하면 마음 돌릴 거라고 기대도 했던 것 같은데, 진짜로 다들 떠나갔으니.

주군　　왜 이래, 아직도 호연씨도 그렇고 유이씨도 그렇고 다들 너 엄청 존경하잖아. 그냥 클럽만 와해됐다 뿐이지 오히려 너 명성은 전보다 더 날리는 거 같던데, 전설의 철학과 여신 공자인.

자인　　또 그렇게 얘기해 주니 마음이 좀 풀리려고 하네? 너도 참... 정떨어지려고 하면 또 이렇게 챙겨주는 일도 있고 그렇단 말이야... 그래서 다음에 또 호연이 만나기로 했어?

주군   어, 수업 끝나고 동아리방에서 보기로 했어. 요즘은 자기계발 동아리에 거의 멤버들도 없고 그래서 뭐 조만간 동아리방 뺏길 거라느니 말도 많은데, 여튼 거기서 만나서 저녁 먹으러 가려고.

자인   그러게, 나도 동아리방 안 간지 오래 되긴 했네. 거기 다시 가기는 좀 껄끄러워서.

주군   응 아직 마음이 좀 그렇겠지. 그래도 진짜 호연 씨 말대로 부흥이 되고 그러면, 그때는 니가 레전드 여신으로 와서 애들이랑 인사도 좀 하고 그래.

자인   하하하하하 뭐야 레전드 여신은. 아휴, 그런 날이 언젠가 오면 좋겠다...

동아리방은 예지가
지키고 있었다

주군 어? 처음 보는 후배시네? 안녕하세요, 저 4학년 정치학과 주나라인데요.

예지 안녕하세요! 저는 철학과 2학년 손예지에요. 말씀은 많이 들었는데, 엄청 유명하신 분 아니에요?

주군 아니 뭐... 제가 유명한 건 공자인 친구로 유명한 건가요?

예지 네 뭐 그런 점도 있지만 원조 엄친아시라고... 근데 어쩐 일이세요? 요즘 동아리는 잘 안 나오신다고 들었는데?

주군   저뿐 아니라 나오는 후배님들이 별로 없다고 하던데요. 저는 호연씨 만나러 왔어요.

예지   아아! 호연 언니 만나시는구나...

주군   네, 오늘 저녁 먹기로 해서요.

예지   저는 그러면 언니 오기 전에 빨리 나가야겠다.

주군   호연씨랑 무슨 일 있으세요?

예지   딱히 그런 것도 아닌데... **호연 언니랑은 같이만 있으면 자꾸 언쟁을 하게 되더라고요?** 좋은 언니인 건 알겠는데 생각이 그냥 너무 달라서 그런지 무슨 말씀만 하시면 자꾸 딴지를 걸고 싶어져서요.

주군   진짜요? 너무 좋은 분인 것 같던데... 칭찬도 잘 해주시고 말이죠.

호연   아 그래요, 그 칭찬 잘 하는 것만 해도 그렇죠. 그 언니는 소개팅하거나 뭐 썸 타는 남자 생길 때마다 남자는 누구나 조금만 자극하면 훌륭한 남친이 될 수 있는 자질이 있다면서, 잘한다 잘한다 하기만 하면 점점 사람이 괜찮아져서 나중에는 뭐든지 할 수 있는 수퍼맨이 된다는데,

그거 너무 나이브한 생각인 거 아니에요?

주군   아... 원래... 만나는 분마다 그렇게 얘기... 해요?

예지   어머, 제가 뭔가 말실수 한 거 아니에요? 근데 그 언니 그게 고정 대사인 거 주변 사람들이 다 알아요. 너 ~~무 좋은 분 같다면서, 좀만 그 마음을 붙잡으시면 최고의 남자가 되어서 어떤 여자라도 다 넘어오고 전국대를 평정하실 수 있을 거라면서~~

주군   아...

예지   선배한테도 그런 얘기 하셨구나?

주군   ... 좀?

예지   아니 그렇지만 진짜 세상에 무슨 좋은 남자가 그렇게 많아요? 저는 태어나면서부터 괜찮은 남자는 살면서 한 번도 못 본 거 같거든요? 아니 물론 여자도 마찬가지지만요. 다들 부딪히면서 배우고 차이고 깨지고 상담도 받고 울고불고 술 마시고 깽판 치다가 다시 사귀고 이러면서 점점 연애하는 법도 알게 되는 거지, 처음부터 내면을 들여다보면 답이 딱 나오고, 내 안에서 상대방을 위하는 마음이 막 불끈불끈 일어나고 그런 게 어딨어요.

그 언니는 진짜 사람을 너무 몰라.

호연 주나라 선배! 벌써 오셨네요? 어머 예지 안녕, 오랜만이다! 선배랑 얘기하고 있었어?

예지 아니에요, 그냥 지금 인사만 한 정도예요.

호연 뭐야, 너 또 내 뒷담하고 있었지, 너무 나이브 하다느니 사람을 모른다느니...

예지 언니, 언니 주나라 선배한테도 내면에 착한 마음이 움직여서 최고의 남자친구가 될 수 있고 어쩌고 하는 얘기 하셨다면서요? 언니, 진짜 제가 가만히 있을 수가 없잖아요, 언니는 어떻게 이렇게 사람을 몰라요? 일일이 붙잡고 설득해서 기념일은 잊지 말아라, 늦게까지 술마시는 날에는 반드시 전화해라, 여사친 만나러 갈 때는 미리 얘기해라, 이런 거 하나하나 주입시켜도 들어줄까 말까인데 어떻게 그게 애인의 본성이라느니 그런 생각을...

호연 무슨 소리야, 주나라 선배는 진짜로 지나가는 고양이도 그냥 넘길 수 없어서 결국 유기묘도 키우고 그러고 있대! 그런 마음이 있는 사람이 여자 친구를 제대로 안 챙겨줄 리가 없잖아?

`예지` 그치만 그건 주나라 선배가 착한 행동이 뭔지를 배우고 익혀서 그렇게 행동한 거겠지, 그게 선배의 본래의 마음이라고 누가 그래요? 그리고 그러면 애초에 그 고양이를 버린 사람은 누구야? 그 고양이를 지나친 사람이 얼마나 많을 텐데 그 꼴이 될 때까지 그 고양이가 거기 있었던 거는 나쁜 사람들이 더 많았기 때문 아니에요?

`호연` 아니 착한 마음이라는 건 내면 어딘가에 갖고 태어나기는 하지만, 처한 상황이 안 좋으면 겉으로 발현되지 못하는 경우가 있을 수 있지~ 뭐 전쟁 직후나 불경기 때는 청년들이 경제적으로 풍요롭지 못해서 마음이 각박하고 서로 위해주지 못하고 그러기도 한 거야. 예를 들면 물이라는 거는 자연히 아래로 흐르게 돼있지만, 또 일부러 댐 같은 걸로 막아놓으면 아래로 못 흘러가기도 하잖아? 스웨덴이나 캐나다나 이런 나라 보세요! 애들이 경제적으로도 여유 있고 전쟁 겪은지도 오래 되고 나라에 날씨도 적당하고 이러면 저절로~ 마음이 점점 착해져서~

`예지` 아니 언니 제가 스웨덴 안 살다 와서 거기 사람들은 진짜로 안 각박한지 이런 건 잘 모르겠는데 말이죠... 그렇다고 그럼 한국 사람들이 1950년대 이후로 점점 착해졌다는 근거가 있는 것도 아니잖아요? 그리고 물이라는 거는 또 컵에 담으면 컵 모양이고 그릇에 담으면 그릇 모양이고 정해진 게 없는 거기도 하잖아요? 남자 친구 데리

131

고 열심히 이래라 저래라 하지 않는 이상 알아서 잘 해주는 사람 같은 건 없다구요!

호연 뭐 요즘 우리 사회가 돈은 더 많이 벌었고 경제적으론 발전 했지만 경쟁이 너무 치열해서 매일매일이 더 전쟁 같고 빈부격차가 소셜 미디어에서 직접적으로 더 눈 앞에 펼쳐지니까 마음이 더 힘들고 이런 것도 있지! 가난한 것만 마음에 부담이 되는 건 아니잖아? 요즘은 뭐 얼굴도 예뻐야 하고 몸매도 좋아야 하고 인성도 완벽해야 하는데 스펙도 좋아야 하고, 기대치가 점점 올라가니까, 그런 것도 사람 마음을 각박하게 하는 요소로 볼 수 있잖아? 그렇지만 또 한 편으로는 50년대 60년대 진짜 가난하고 힘들던 때에 비하면 서로 매너 있게 대하는 사람들도 늘어나기도 했고, 뭐 요즘은 카페 테이블 위에 노트북 두고 화장실 가도 아무도 안 집어간다느니 이런 말들도 많이 하잖아. 그런 것도 경제적 여유에서 오는 거 아니겠어?

예지 언니, 그거 다 CCTV 의식해서 그런 거죠! 다 처벌 받을 거 걱정하고 명예 실추될 거 걱정하고 이러니까 행동을 잘 하는 거지... **사람 마음에만 의존해서 어떻게 사회가 아름다워질 걸 기대해요? 빡세게 규칙 정해놓고 잘 하면 상주고 못하면 벌주겠다고 CCTV 설치 모조리 해서 엄청 지켜보고 이렇게 해야 될까말까...** 아까 고양이 얘기 나와서 말이지만 고양이도 배고프고 아프면 야옹

대면서 누가 자기 구해주기를 바라고 그러는 건데, **기본적으로 인간도 본능은 딱 그거라서 누가 벌 주면 싫어하고 상 주면 좋아하고...**

호연 **예지야! 너는 그러면 사람이 개나 고양이랑 다 마찬가지라는 거니? 주군 선배, 얘는 두고 나가요. 아 정말 말이 안 통해서...**

예지 아니 내 참, 사람도 동물인 게 맞지. 그래도 가르치면 달라진다는 건데 왜 이렇게 말을 못 알아들어...

공자인의 글 속
고전 이야기 10

맹자와 고자의 논변
- 성선설과 성악설,
그리고 성무선무악설의 충돌

호연 언니랑은 같이만 있으면 자꾸 언쟁을 하게 되더라고요?
(p. 128)

　손예지는 성악설性惡說을 주장한 순자荀子를 상징하는 인물이다. 순자는 자신의 저서에서 거듭 맹자의 잘못을 지적하고 비판하지만, 순자가 맹자보다 후대의 인물이므로 맹자가 직접 순자의 이론을 비판할 수 있는 기회는 없었다. 대신《맹자》에는 맹자의 라이벌 사상가인 고자告子가 등장하는데, 고자는 인간의 내면에는 그저 먹고 자식을 퍼뜨리는 본능밖에는 없으며 아무런 내재적 덕목도 없다는 주장을 한다는 점에서 순자와 유사한 점이 있다. 순자는 명시적으로 성악설을 주장하였으나, 고자는 본성에는 선도 악도 없다고 보았다고 해서 성무선무악설性無善無惡說에 가깝다고 한다.

이 책에서 예지는 순자뿐 아니라 고자의 역할도 맡아서, 때로는 고자가 했던 비유를 사용하기도 하고 때로는 순자의 주장을 펼치기도 하면서 순자와 맹자가 직접적으로 언쟁을 했다면 어떤 모습이었을지를 보여준다.

다들 부딪히면서 배우고 차이고 깨지고 상담도 받고 울고불고 술 마시고 깽판 치다가 다시 사귀고 이러면서 점점 연애하는 법도 알게 되는 거지, 처음부터 내면을 들여다보면 답이 딱 나오고, 내 안에서 상대방을 위하는 마음이 막 불끈불끈 일어나고 그런 게 어딨어요. 그 언니는 진짜 사람을 너무 몰라. (p. 129)

순자의 맹자 비판에서 가장 자주 반복되는 말은 맹자가 인간의 본성이 무엇인지를 모른다는 것이다. 순자는 모든 선한 것은 배우고 익혀서 알 수 있는 것이지, 인간이 태어날 때부터 갖추고 있는 덕목이란 없으며, 인간은 욕심만을 가지고 태어나므로 본성에 따라서 살아간다면 그저 사회는 혼란스러워질 수밖에 없다고 보았다.

물이라는 거는 또 컵에 담으면 컵 모양이고 그릇에 담으면 그릇 모양이고 정해진 게 없는 거기도 하잖아요? (p. 131)

고자 또한 순자와 유사하게 인간 내면에는 정해진 덕목 같은 것은 없다고 보았다. 고자는 물의 비유를 끌고 와서, 물이란 동쪽으로 흐르게 하면 동쪽으로 흘러가고, 서쪽으로 흐르게 하면 서쪽으로 흘러가는 것처럼 정해진 방향이 없는 것이고, 인간의 본성 또한 그렇다고 주장한다.

맹자는 이러한 고자의 주장에 반대하며, 그렇게 정해진 것이 없어 보이는 물이라도 항상 아래로 흘러가려는 방향성은 있다고 받아친다. 맹자에게 있어서 사단의 발현은 인간의 자연스러운 성향이다. 다만, 사단이 항상 발현되지 못하는 이유는 환경의 제약 때문인 것이다.

뭐 전쟁 직후나 불경기 때는 청년들이 경제적으로 풍요롭지 못해서 마음이 각박하고 서로 위해주지 못하고 그러기도 한 거야. 예를 들면 물이라는 거는 자연히 아래로 흐르게 돼있지만, 또 일부러 댐 같은 걸로 막아놓으면 아래로 못 흘러가기도 하잖아? (p. 131)

물은 아래로 흘러가려는 성향이 있지만 댐으로 막아놓으면 높은 곳에 머물기도 하고, 손으로 탁 치면 높이 튀어오르기도 한다. 그러나 이는 예외적인 상황에 불과하다. 맹자는 인간이 악한 행위를 하는 것은 이렇듯 외부 환경의 각박함 때문에 벌어지는 예외적인 상황이며, 그러므로 외부의 자극이 사라지는 순간 인간은 선한 방향으로 되돌아가기 시작한다고 주장한다.

사람 마음에만 의존해서 어떻게 사회가 아름다워질 걸 기대해요? 빡세게 규칙 정해놓고 잘 하면 상주고 못하면 벌주겠다고 CCTV 설치 모조리 해서 엄청 지켜보고 이렇게 해야 될까말까지... (p. 132)

기본적으로 인간도 본능은 딱 그거라서 누가 벌 주면 싫어하고 상 주면 좋아하고... (p. 133)

순자의 성악설은 예禮라는 복잡한 규율을 익혀서 그대로 행동

하는 것으로 사회의 질서를 유지하자는 것이다. 인간의 마음에만 의존해서는 질서 잡힌 사회를 기대할 수 없다고 보았다. 이 예禮는 현대의 법처럼 강제성이 강하지는 않더라도, 잘 지키는 이에게는 명예와 보상이, 어기는 이에게는 비난과 처벌이 뒤따르는 것이었다. 순자는 인간 본성이 상을 좋아하고 벌을 싫어한다는 점에서 교육이 가능하다고 보았다.

고자는 상벌을 언급하지는 않지만 인간의 본성에는 덕목이 없으며 그저 생명을 유지하고 재생산하고자 하는 정도밖에는 없다고 주장한다. 둘 모두의 경우, 인간의 본성과 동물의 본성은 크게 다르지 않다.

예지야! 너는 그러면 사람이 개나 고양이랑 다 마찬가지라는 거니? (p. 133)

맹자는 그렇다면 인간은 인간 고유의 선한 본성이 있는 것이 아니라 다른 동물의 본성과 마찬가지인 것이므로 받아들일 수 없다고 본다. 맹자의 제자들이 남긴 기록은 여기에서 멈추지만, 고자가 만약에 대꾸를 하였다면 살아 있는 것은 모두, 사람이건 동물이건 식물이건 마찬가지의 본성을 가지고 있다는 점을 긍정하였을 가능성이 높다. 맹자에게는 인간성에 대한 모독이라고 여겨지는 발언이지만, 고자는 아무런 문제를 느끼지 않았을 수도 있는 것이다. 다만, 순자는 동물과 인간의 본성이 완전히 일치한다고 보지는 않았다. 이에 대한 서술은 순자의 사상을 본격적으로 다룰 때 추가하도록 하겠다.

착한 마음만이
답은 아니다

호연 기분 나쁘셨죠? 예지는 왜 그러는지 자꾸 사람
들한테 단점만 지적하면서 그렇게 해야 그 사람이 더 잘하
려고 노력할 거라고 생각하는 모양인데, 싫은 소리 듣고 행
동 바꾸고 싶은 사람이 많겠어요? 잘한다 잘한다 해줘야
그래도 뭔가 더 잘하려고 노력하는 게 인지상정이죠...

주군 그것도... 맞는 말씀이긴 한 것 같은데... 근데 누
구에게나 그런다고 하시니까 약간 김 빠지긴 하네요. 뭔가
나를 특별하게 생각해주는 줄 알았는데.

호연 누구나 선량한 사람이 될 수 있는 바탕이 있다
는 건 부정할 수 없는 사실인데, 거기에서 신경 써서 앞으
로 나아가는 사람이 있는 거고 그런 게 특별한 거죠! 그리

고 선배는 특별한 사람인 게 틀림없고요. 지난번에 유기묘 얘기도 했었잖아요.

주군 　아... 그러니까 저도 호연씨한테 그 말씀 듣고 좀 고민해 봤는데 말이에요... 고양이가 막 길가에서 굶어죽을 거 같고 누가 돌 던지고 괴롭히니까 필사적으로 야옹거리고 이런 극단적인 순간에는 갑자기 나도 모르게 돕고 싶은 마음이 튀어나왔어요. 근데 막 저도 힘들어 죽겠고 연애한지는 5년 6년 되어가는데 여자 친구가 지난번에도 열 번 싸운 친구랑 이번에 또 싸웠다고 공감해달라고 하는데 **여자 친구는 울고불고 힘들어하더라도 제가 그냥 그 상황에서는 도저히 안 될 수도 있잖아요? 공감이라는 건 순간 공감이 되면 공감이 되는 거고, 공감이 안 되면 안 되는 건데, 어떻게 하나에 대한 공감의 마음을 다른 사람한테 적용을 하나요?**

호연 　길가에서 지나가다가 만난 일개 동물에게도 돕고 싶은 마음이 들었는데 누구보다 가까운 사람한테 돕고 싶은 마음이 들지 않는다니요! 길고 짧은 걸 대보고 비교하는 마음으로 진득하게 생각을 해보면서 느끼도록 노력을 해야 하는 거죠!

주군 　저는 아무래도 처음 공감을 느꼈던 대상에서 다른 사람으로 확대를 해나간다는 건 어떻게 가능한지에 대해서는... 그러니까 사실은 갖고 태어나는 착한 마음만으로 되는 건 아니잖아요? 이거랑 저거가 비슷한가? 다른가? 이 사람과 가까운가? 더 먼가? 이런 걸 계산을 해봐야 한다는 건가요?

호연　그거야 저도 뭐 그 심리 과정을 정확하게 설명할 수 있다는 건 아니지만, 예를 들면 자기 가족한테 느꼈던 공감의 느낌을 우리 할아버지랑 비슷한 다른 할아버지를 보면 느낄 수도 있고, 우리 조카한테 느꼈던 감정을 다른 애기한테 느낄 수도 있고요. 아니면 아까 그 고양이한테 느꼈던 강렬한 감정을 기반으로 아 다른 사람들도 어딘가에선 학대당하고 굶고 있을 수도 있을 텐데 그 사람들한테도 도움을 줄 수 있을까? 이렇게 생각해볼 수도 있고, 아니면 나한테 유사한 일이 벌어졌을 때 내가 느꼈던 감정이 다른 사람이 지금 비슷한 상황에 처했으니까 지금 느끼겠구나 라고 생각할 수도 있겠죠. 아니면 아주 훌륭한 사람이 비슷한 경우에 이래저래 행동했다는 경우를 마음에 담아 두고 있다가 또 자기한테 비슷한 일이 벌어졌을 때 그렇게 행동해 보려고 할 수도 있고. 근데 그 과정에서 나랑 유사성이나 연관이 더 많은 사람, 더 많은 경우 이런 걸로 경중을 비교해 보고...

주군　유사성을 기반으로 감정을 확대해 나가는 건가요, 그렇다면 이게 결국은 즉각적인 감정만으로는 해결이 안 되는 거죠? 내가 그 사람이 불쌍했을 때 하고 싶었던 일을, 지금 계산을 해봐서 그 사람이 안 불쌍할 때도 똑같이 행동을 해보라 이런 거죠? 그러니까 처음에는 감정이 중요한데 나중에는 감정보다 결심이 더 중요한 거예요?

호연　　　고민 과정이 필요하죠... 감정만으로 모든 걸 다 할 수 있다는 게 아니라, 본능적으로 우러나는 선한 감정이 분명히 있으니까 우리 모두에게는 착한 사람이 될 수 있는 가능성이 있다는 말을 하려는 거고요. 그러니까 뭐 누구나 다 착한 행동을 한다는 것도 아니고, 지금 현재 착하다는 말을 하려는 것도 아니고요. 그렇지만 좋은 환경을 만들어주면 반드시 좋은 방향으로 변화를 시작하게 돼있다는 거죠, 내면에는 무언가가 있으니까.

주군　　　아, 그렇게 치면 지금 현재로는 범죄자거나 싸이코패스처럼 보이는 사람이라도 깊은 내면에는 착한 마음이 있으니 그런 사람도 좋은 남자친구가 될 수 있다, 이런 정도의 말씀?

호연　　　싸이코패스는 애초에 공감 능력이 제로니까 예외죠. 그러니까 그런 사람은 사람도 아니라고 하는 거고요.

주군　　　아... 그러면 호연씨 말대로라면 애초에 싸이코패스인 사람은 개선 여지가 없네요. 그러니까... 아까 예지씨가 얘기하신 것처럼 규칙이나 계산도 결국 중요한 거 아니에요? 착한 마음으로 시작한 사람도 나중에는 규칙이 필요하고, 착한 마음이 없는 사람을 개선하는 데도 규칙이 필요하게 되잖아요

호연　　아니요, 아니요 예지 얘기는 그만 하시는 게 좋을 것 같아요. 예지는 일부 싸이코패스뿐 아니라 모두가 다 인간 이하라고 말하는 건데 그런 말을 어떻게 받아들여요?

공자인의 글 속
고전 이야기 11

확충의 어려움

맹자는 사단을 확충해서 천하의 모든 사람에게 덕을 베풀 수 있어야 한다고 했지만, 그 구체적인 과정에 대해서는 해결되지 않는 어려움이 너무나 많다.

여자 친구는 울고불고 힘들어하더라도 제가 그냥 그 상황에서는 도저히 공감이 안 될 수도 있잖아요? 공감이라는 건 순간 공감이 되면 공감이 되는 거고, 공감이 안 되면 안 되는 건데, 어떻게 하나에 대한 공감의 마음을 다른 사람한테 적용을 하나요? (p. 139)

내 부모님이나 내 자식에게 느끼는 사랑은 우선 본능적인 것이라고 쳐보자. 그렇다면 본능적인 이 감정을 어떻게 다른 어르신이나 다른 어린 아이에게 옮길 수 있단 말인가? 감정은 느끼지 않는 채로 행동만 유사하게 하려고 노력해야 한다는 말인가? 아니면 그들의 약한 모습이나 보호 받아야만 하는 면에 집중해서 지켜보면 언젠가는 측은지심이 저절로 들 것이라고 생각했던 것인가? 또 불쌍하고 위험에 처한 동물이나 사람에게 느끼는 즉각적인 감정이 이야기를 전해 듣거나 아니면 겉으로는 잘 드러나지 않고 공감되지 않는 어려움일 때도 과연 마음에서 우러날 수 있는지도 알 수 없다.

고민 과정이 필요하죠... 감정만으로 모든 걸 다 할 수 있다는 게 아니라, 본능적으로 우러나는 선한 감정이 분명히 있으니까 우리 모두에게는 착한 사람이 될 수 있는 가능성이 있다는 말을 하려는 거고요. (p. 141)

또 다른 의문은 실마리에 불과한 사단에서 어떻게 본격적인 덕목인 사덕四德으로 이어질 수 있는가 하는 것이다. 사단을 행위에 옮겨야 사덕인지, 수행의 기간이 길어져야 사덕인지, 사단을 행위에 옮겼을 때 그 결과가 좋아야 사덕인지 등에 대해서 맹자는 명확한 대답을 하고 있지 않다.

그러나 분명한 것은 맹자가 측은지심의 첫 발현은 계산이나 사고가 필요 없는 즉각적인 것이라고 여겼지만, 이는 선한 사람이 될 가능성에 불과하고, 진정 덕목을 갖춘 선한 사람이 되려면 진득한 사고의 과정이 필요하다고 생각했다는 점이다.

66 공도자가 물었다. '공자는「본성은 선도 없고 불선도 없다.」고 합니다. 선생님은 지금「본성은 선하다.」고 하시는데, 그렇다면 그들이 모두 틀렸습니까?'

맹자가 말하였다. '그 실정이 선하게 될 수 있기 때문에 선하다고 하는 것이다. 불선하다면 이는 재질의 문제가 아니다. 측은지심은 사람이라면 누구나 갖고 있고, 수오지심은 사람이라면 누구나 갖고 있고, 공경하는 마음도 사람이라면 누구나 갖고 있고, 시비지심도 사람이라면 누구나 갖고 있다. 측은지심은 인이고, 수오지심은 의고 공경지심은 예고 시비지심은 지다. 인의예지는 외부에서 나에게 오는 것이 아니라 내가 애초에 갖고 있던 것이니, 그저 생각을 하지 않을 따름이다. 그러므로「구하면 얻을 수 있고, 버리면 잃는다.」고 하는 것이다.'"

– 《맹자》〈고자 상〉 6

또한 어떤 사람은 대인大人이 되고 어떤 사람은 소인小人이 되는 것은 왜냐는 질문에, 대체大體를 따르면 대인이 되고 소체小體를 따르면 소인이 된다고 설명하는데, 그렇다면 누구는 왜 대체를 따르고 누구는 왜 소체를 따르느냐는 질문에 대해서는 다음과 같이 답한다.

66 귀와 눈과 같은 기관은 생각을 하지 않으므로 사물에 막힌다. 사물과 사물이 교류하면 그쪽으로 끌려가고 만다. 마음의 기관은 생각을 하는 것이므로 생각하면 얻을 수 있고 생각하지 않으면 잃는다. 이것이 하늘이 나에게 주신 것이니 그 큰 것에 먼저 서면 작은 것이 뺏어 갈 수 없을 것이다. 이것이 대인일 따름이다."

– 《맹자》〈고자 상〉 15

그러므로 비록 맹자가 성선설을 주장했다고 하지만, 선한 마음의 실마리만으로 선한 사람이 되는 것은 아니다. 맹자가 쉽게 왕들을 칭찬한 듯 보일 수도 있지만, 사실은 맹자는 왕들에게 엄청난 선행을 요구하고 있었던 것이다.

착한 마음을 가진 사람에게
한계란 없다

호연 선배가 지금 싸이코패스 따져서 뭐해요, 선배는 명확하게 좋은 사람인데요. 진짜로 선배는 최고의 남자친구가 될 수 있는 모든 자질을 다 갖추고 있으니까 딱 마음만 먹으시면...

주군 그래서 최고의 남자친구는 뭡니까, 돈 잘 벌고 옷 잘 입고 키 크고 몸 좋고 좋은 차 몰고 그러는 거?

호연 그런 건 전혀 상관 없죠! 그건 내면에서 우러나오는 선한 마음하고는 연관도 없잖아요.

주군 아... 그럼 인성만 있으면 된다는 거예요 진짜로? 뭐 타고 나는 거든 나중에 노력한 거든 진짜 마음만 본다고?

호연　　물론이죠!

주군　　그럼 어차피 모든 사람이 다 선한 마음은 있는데 마음만 중요한 거면, 이상형이고 뭐고 이런 거 없이 아무나 다 괜찮아요?

호연　　내면의 선한 마음이 여자 친구를 사랑하는 행동으로 이어지는 사람이라면 정말 누구든지 괜찮은 거죠.

주군　　나는 사실 내 마음이 뭔지 잘 모르겠어요. 내가 나쁜 사람은 아닌 것 같고 여자 친구를 사귀면 잘 해줄 것 같기도 한데… 그러니까 사귀기 시작하고 그 친구도 나를 좋아하고 그러면 나도 그 친구를 점점 더 좋아하면서 시너지가 생기는 그런 거가 있을 수 있잖아요? 그런데 지금부터 마음을 먹어라, 자질이 있으니까 최고의 남자친구가 될 수 있다, 이런 말 자체가 너무 부담스럽고. 내가 최고의 남자친구가 될 거라는 걸 미리 증명을 하고 남자 친구가 되어야 하나? 이 정도만 좋아해도 되는 걸 수도 있잖아요?

호연　　흠… 지금 보니까 **다른 안 좋은 남자들이랑 비교하시면서 본인은 이 정도는 하니까 상대방이 그 정도면 만족해야지 내가 더 잘할 수는 없다 이런 말씀이신 것 같은데 이걸 두고 오십보백보라고 하는 것 같거든요?**
　그래서 지금 현재 누가 딱 백퍼 맘에 든다, 그 여자분 아니면 안되겠다, 나를 희생해 가면서도 그 친구랑 꼭 사귀고 싶다 이런 마음은 없는 건데 대강 나 좋다고 해주는 여자 있으면 우선 연애는 하고 싶고 그 정도라는 거 아니에요?

근데 그러면 여자들은 선배랑 연애 시작하고 났더니 선배가 또 이 여자 저 여자 재면서 결국 바람도 피우고 그럴까 봐 불안할 수 있지 않을까요? 워낙에 선배 인기도 많은데... 그렇게 치면 그 여자분한테는 현재 바람을 피우고 있는 소위 나쁜 남자랑 별반 다를 바 없어보일 수도 있죠...

주군　　아니 그런데 그러지 않는 사람은 어딨어요? 나도 그렇고 지금 그... 여자 입장에서도 마찬가지로 혹시라도 상처받을까 봐 재고 있는 거는 다 마찬가지잖아요?

호연　　제가 읽은 로맨스 소설에 나오는 남자 주인공은요, 여자가 거의 히스테리 부리면서 남자를 사사건건 의심하고 자기는 심지어 남사친이랑 둘이 술 마시고 기절해서 업혀오고 **나중에는 막 약간 미쳐서 남자 칼로 찌르려고 하고 그랬는데도 다~ 이해하고 보듬어주고 정성으로 보살피니까** 나중에는 그 여자가 감동해 가지고 막 울고... 그래서 해피엔딩으로 끝났는데 있잖아요...

주군　　아니 대체 그런 이상한 소설 같은 거 읽고 그러니까 말도 안 되는 판타지만 가지는 거 아니에요! 세상에 그 남자는 미쳤습니까? 그렇게 이상한 여자 사귀게?

호연　　사랑하니까 그러는 거죠! 자기 진심을 몰라준다고 막 하늘을 우러르며 눈물을 흘리고 그러는데 결국은 평화가 찾아온다니까요? 이게 다 선량한 남자의 끝도 없는 능력에서 나오는...

주군　　와 무슨 선량한 남자는 자선사업 합니까? 이거 얘기를 하면 할수록 이상해지네...

호연　　그럼 복잡한 얘기는 그만하고 우리 밥 먹으러 가요.

주군　　하아... 그래요 그럼. 학관에서 먹을까요?

호연　　아... 학관이요?

주군　　왜요, 학교에서 먹기 싫어요?

호연　　아무래도, 둘이 처음 밥 먹는 건데 학교 식당은 좀. 제가 마음에 별로 안 드시나봐요.

주군　　아뇨, 아뇨 그런 거 아니에요. 그럼 학교 밖에 나가요. 버스 정류장으로 갈까요?

호연　　아... 버스요?

주군   왜요, 버스도 좀 그래요?

호연   아뇨... 아무래도... 그래도 처음 데이트 하는 건데 버스는... 제가 진짜 별로 그렇게 막 위해 줘야할 여자친구로는 느껴지지 않으시나봐요.

주군   방금 남자는 내면의 선한 마음이 중요하다고 하지 않으셨어요?

호연   아니 그러니까 사랑하는 마음이 행동으로 어떻게 연결되는지가 되게 중요한 건데, 막 그렇게 저한테 마음이 있으신 것 같지는 않다는 거죠. 당연히 여자 친구를 위하는 남자면 내면에서 마음이 우러나와서 잘해주고 싶은 생각이 저절로 뿜어져 나오고... 혹시라도 버스 타서 다칠까 봐 좋은 차 태워주고 싶고, 혹시라도 집에 가는 길에 무슨 일 생길까 봐 집앞까지 데려다주고 싶고, 혹시라도 맘 상한 일 있을까 봐 밤에 전화하고, 이런 마음?

주군   와 진짜 호연씨 제가 좋은 남자인 거 같다는 얘기가 이런 거였어요? 해달라는 거 다 해주는 사람?

호연   아니요, 해달라고 해서 해주는 사람은 좋은 사람 아니라니까요, 마음에서 우러나오기 때문에 뭐 해달라고 하기도 전에 이미 준비를 해놓는... 진짜 선배가 본인의 마음을 들여다보고 내가 이런 걸 원하니까 남도 이 정도는 원하겠지, 내가 이 여자를 아끼니까 이렇게 해주면 저 사람뿐 아니라 나도 기쁘겠지라고 생각하면, 제가 물어보기도 전에 다 아실 거라니까요? 선배한테는 그런 자질이 충분히 있어요!

주군 　　와 정말 미쳐버리겠네. 제가 호연씨랑 5분만 더 같이 있었다가는 쌍욕을 시전하게 될 것 같으니까 저는 집에 가겠습니다. 식사는 혼자 하세요! 와 이거 공자인 이번에 나한테 멱살 잡혀보게 생겼네. 뭐 이렇게 이상한 인간들이 많아...

호연 　　선배! 다시 한번 생각해 보세요! 그 마음이라는 게 억지로 한다고 되는 것도 아니고 그렇다고 완전히 놓아버려도 안 되는...

주군 　　스토킹으로 신고하기 전에 떨어져요 진짜! 다시는 봐도 아는 척 하지 말아요 알겠어요!

호연 　　하아... 또 원점이네... 대체 이게 왜 안 먹히지...

공자인의 글 속
고전 이야기 12

멀고도 험난한 성인의 길

오십보백보

다른 안 좋은 남자들이랑 비교하시면서 본인은 이 정도는 하니까 상대방이 그 정도면 만족해야지 내가 더 잘할 수는 없다 이런 말씀이신 것 같은데 이걸 두고 오십보백보라고 하는 것 같거든요? (p. 147)

　오십보백보라는 말은 《맹자》에서 나왔다. 자신이 어느 정도 선정善政을 베풀었는데도 백성이 늘어나지 않는다는 양 혜왕의 불만에 맹자가 외국과 큰 차이 없다고 면박을 주면서 한 말이다.

　❝양 혜왕이 말했다. '과인이 나라에 온 마음을 쏟고 있습니다. 하내지역에 흉년이 들면 하동지역으로 사람을 옮기고 곡식은 하내지역로 옮깁니다. 하동지역이 흉년이 들면 반대로 합니다.

이웃 나라의 정치를 살피자면 과인처럼 마음을 쓰는 곳이 없습니다. 그런데도 이웃 나라의 백성은 줄지 않고 우리 나라의 백성이 늘지 않으니 어째서입니까?'

맹자가 대답하였다. '왕께서 전쟁을 좋아하시니 제가 전쟁으로 비유를 들겠습니다. 북소리가 둥둥 울리고 병사들의 칼이 불꽃을 튀기는데 무기를 던져두고 도망치면서 누구는 백보를 도망치고 멈추고, 누군가는 오십보를 도망치고 멈춰서는 오십보 도망친 이가 백보 도망친 이를 비웃는다면 어떻겠습니까?'

왕이 답했다. '안됩니다. 백보까지 안 갔다 뿐이지 이 역시 도망친 것입니다.'

맹자가 말하였다. '왕께서 이를 아신다면 백성들이 이웃 나라보다 많아지기를 기대하지 마십시오.'"

—《맹자》〈양혜왕 상〉 3

이 이후로 맹자는 자신이 고안한 세금 제도와 복지 제도 등을 제안한다. 맹자는 완벽하게 복지를 베푼 것이 아니라면 상대적으로 이웃 나라보다 낫다고 해서 좋은 결과를 기대할 수는 없다고 한다.

최소한의 조건만 갖추면 훌륭한 왕이 될 자질이 있다고 이야기를 시작했지만, 어지간해서는 맹자에게 훌륭한 왕이라는 평가를 듣기는 힘들었을 것임을 알 수 있다.

세상의 어려움을 다 짊어져야 하는
성인이라는 존재

나중에는 막 약간 미쳐서 남자 칼로 찌르려고 하고 그랬는데도 다～
이해하고 보듬어주고 정성으로 보살피니까 나중에는 그 여자가 감
동해가지고 막 울고... 그래서 해피엔딩으로 끝났는데 있잖아요...
(p. 148)

실제로 맹자가 과거의 성인이라고 꼽는 순임금과 우임금은 모
두 일반인으로서는 견딜 수 없을 법한 고생을 거쳐서 왕이 된 이
들이다.

순임금은 악덕한 아버지 고수를 끝까지 효도로 모신 것으로
유명하다. 고수는 둘째 부인에게서 얻은 순임금의 배다른 동생
을 아껴서, 순임금을 죽이려고 두 번이나 시도하였으나 실패했
다. 순임금은 아버지의 사랑을 얻지 못한 것이 서러워서 하늘을
우러러 눈물을 흘리기도 했다고 한다. 그러나 마지막까지 효심을
꺾지 않아, 기어이 고수의 마음을 얻어냈다고 한다. 유가에서 성
인으로 인정받으려면 자신을 죽이려고 하는 아버지와 배다른 동
생에게도 마지막까지 선행을 베풀어 그들을 교화시킬 준비 정도
는 되어야 한다.

우임금은 하나라 시절 매년 찾아오는 홍수를 해결한 인물로
유명하다. 물을 댐에 가두는 대신 땅을 파서 바다로 더 잘 흘러
나가게 하는 방식을 사용하여 하천 범람을 해결하는 데 성공했
다. 이 치수 사업을 하는 동안 우 임금은 너무나 바빠서 8년의 세
월 동안 집 앞을 세 번이나 지나쳤지만 한 번도 집에 들어가지 못
했다고 한다.

측은지심을 극단으로 확충하여 온 나라를 나의 일부로 여긴 결과, 이러한 성왕들은 나라에 조금이라도 어려운 일이 있으면 전부 자신의 탓인 양 고뇌하고 괴로워했다. 인간은 누구라도, 어떤 상황에 처해서도 훌륭한 사람이 될 수 있다는 믿음은 곧 어떤 누구도 어떤 핑계도 댈 수 없다는 뜻이기도 하다. 인간의 선량함은 어떤 어려움도 덮을 수 있다는 믿음이므로, 성선설은 인간의 능력을 극단으로 시험하는 잔인한 사상이기도 하다.

에필로그

주군 　야... 너 대체 어디서 그런 80년대 신파 여성은 데리고 와가지고 무슨 소개팅이야, 어? 남자가 뭐든 다 해야 된단다, 그런 자질이 있기 때문에 다 할 수 있대잖아.

자인 　아 이상하네... 걔가 진짜 나한테는 엄청 잘하기도 했는데다가 주변 애들이 다 걔 정말 괜찮은 애라고 그랬는데...

주군 　무슨 소리야, 그 예지라는 애가 나한테 호연씨 이상하다고 말을 해주려고 했는데... 하아 내가 그 말을 제대로 안 들은 게 문제네.

자인 　예지? 벌써 만났어 예지를?

주군　　어? 그 친구도 소개팅해 줄 애 중 하나였어?

자인　　아니 걔네가 2학년 여신 3학년 여신 그래서, 인기가 많아 예지도.

주군　　무슨 여신이 그렇게 많아... 그쯤 되면 그냥 일반인 아니냐? 아니 그 예지씨는 뭔가 독설이 장난이 아닌 거 같던데... 무섭게 안경 딱 쓰고 따다다다 거리는 말빨에. 랩하는 줄 알았네 아주.

자인　　걔 선생님 되려고 하는 앤데, 뭔가 엄청 어울리지 않냐. 딱 봐도 선생님 스타일이야.

주군　　어... 그렇게 보니까 그러네. 또 뭐든지 가르쳐야 아는 거라느니 그렇게 말하던데.

자인　　그럼 다음 소개팅은 예지로? 뭐 둘이 벌써 인사했다니 소개팅이랄 것도 없긴 하다. 연락처 줄 테니까 둘이 연락해서 만나.

주군　　나는 니가 묵겸이 만나고 와서 왜 그렇게 화내는지 이해를 잘 못했는데... 나도 당해보고 나니까 진짜 너무 화가 나네. 나도 너 괜찮은 애 고르고 골라서 진짜 다시 생각해서 좋은 애 소개해 줄게.

자인　　난 이제 됐어... 무슨 소개팅이냐. 나... 사실 너 여행 다녀온 이후로 고민 계속 해봤는데, 나도 워킹홀리데이 다녀오려고. 한 1년 나가서 살아보고 여행도 다니고 어학연수 겸...

주군　　뭐??

자인　　아니, 아직은 알바하면서 돈 모으고 있는 단계인데. 내가 아직 너무 시야도 좁은 것 같고... 세상을 덜 겪어 놓고 후배들 앞에서 폼이나 잡고 그랬던 것 같아서 반성이 되기도 하고.

주군　　야... 나 이제 돌아왔는데 네가 바로 간다고 하면 어떻게 해...

자인　　서운하냐?

주군　　...

자인　　니가 서운해 할 자격은 있냐?

주군　　... 잘못했다.

자인　　됐어, 나 앞으로 세 달은 더 돈 모아야 나갈 수 있어. 그 전에 그래도 춘추삼인방 한번 모이자. 언니랑 티격태격하기는 했어도 우리가 직접적으로 싸운 것도 아니고... 또 한동안 못 볼 생각하니까 보고 싶네 괜히.

`주군`　　... 그래 내가 연락해 볼게. 나도 누나 휴학하고는 거의 연락 안 해봤는데... 어차피 그 누나가 무슨 매일 출퇴근하는 직장 다닐 스타일도 아니고 우리 만나자면 또 휘릭 학교 오겠지.

`자인`　　하아, 진짜 우리... 옛날에 진짜 잘 놀았었는데 맨날 밤새고 얘기하고 술 마시고. 그 동아리방이 진짜 우리 집 같았는데 그치.

`주군`　　좋은 시절이었다. 하루만 다시 해보자, 조만간 만나서.

`자인`　　그래! 기대된다!